GRAMMAR STUDY WITH 1001 SENTENCES
FOR ELEMENTARY ENGLISH LEARNERS

CEDU 쎄듀는 A **C**omprehensive **E**nglish e**DU**cation(종합적 영어교육)의 약자입니다.

펴낸이	김기훈 · 김진희
펴낸곳	(주)쎄듀 / 서울시 강남구 논현로 305 (역삼동)
발행일	2017년 2월 10일 초판 1쇄
내용문의	www.cedubook.com
구입문의	콘텐츠 마케팅 사업본부
	Tel. 02-6241-2007
	Fax. 02-2058-0209
등록번호	제 22-2472호
ISBN	978-89-6806-088-5

SAYPEN TV
www.saypen.com

초등코치
천일문
grammar

세이펜과
초등코치 천일문 Grammar의 만남!

✦ ✦ ✦

〈초등코치 천일문 Grammar〉는 세이펜이 적용된 도서입니다.
세이펜을 영어에 가져다 대기만 하면 원어민이 들려주는
생생한 영어 발음과 억양을 바로 확인할 수 있습니다.

초등코치 천일문 시리즈
with 세이펜

원어민 음성을 실시간 반복학습	선생님 설명 듣기로 혼자서도 쉽게 학습	연습문제 실시간 정답 확인 및 한글 해석 듣기 가능

초등코치 천일문 시리즈 Sentence 1권~5권, Grammar 1권~3권, Voca&Story 1권~2권 모두
세이펜을 활용하여 원어민 MP3 음성 재생 서비스를 이용할 수 있습니다.

(책 앞면 하단에 세이펜 로고 SAYPEN TV 가 있습니다.)

세이펜 핀파일 다운로드 안내

STEP 1 세이펜과 컴퓨터를 USB 케이블로 연결하세요.

STEP 2 쎄듀북 홈페이지(www.cedubook.com)에 접속 후, 학습자료실 메뉴에서 학습할 교재를 찾아 이동합니다.

> 초·중등교재 ▶ 문법 ▶ 학습교재 클릭 ▶ 세이펜 핀파일 자료 클릭
> ▶ 다운로드 (저장을 '다른 이름으로 저장'으로 변경하여 저장소를 USB로 변경) ▶ 완료

STEP 3 음원 다운로드가 완료되면 세이펜과 컴퓨터의 USB 케이블을 분리하세요.

STEP 4 세이펜을 분리하면 "시스템을 초기화 중입니다. 잠시만 기다려 주세요" 라는 멘트가 나옵니다.

STEP 5 멘트 종료 후 세이펜을 〈초등코치 천일문 Grammar〉 표지의 제목 부분에 대보세요.
효과음이 나온 후 바로 학습을 시작할 수 있습니다.

참고사항

◆ 세이펜에서 제작된 모든 기종(기존에 보유하고 계신 기종도 호환 가능)으로 사용이 가능합니다.
　단, Sentence 교재의 Role-Play 기능은 레인보우 SBS-1000 기종에서만 구동됩니다. (신규 구매자는 SBS-1000 이후 모델의 구매를 권장합니다.)
◆ 모든 기종은 세이펜에서 권장하는 최신 펌웨어 업데이트를 진행해 주시기 바랍니다. 업데이트는 세이펜 홈페이지(www.saypen.com)에서 가능합니다.
◆ 초등코치 천일문 시리즈의 핀파일은 쎄듀북 홈페이지(www.cedubook.com)와 세이펜 홈페이지(www.saypen.com)에서 모두 다운로드 가능합니다.
◆ 세이펜을 이용하지 않는 학습자는 쎄듀북 홈페이지 부가학습자료, 교재 내 QR코드 이미지 등을 활용하여 원어민 음성으로 학습하실 수 있습니다.
◆ 기타 문의사항은 www.cedubook.com / 02-3272-4766으로 연락 바랍니다.

초 등 코 치

천일문
grammar

◆ ◆ ◆

2

저자

김기훈 現 ㈜ 쎄듀 대표이사
現 메가스터디 영어영역 대표강사
前 서울특별시 교육청 외국어 교육정책자문위원회 위원
저서 천일문 / 천일문 Training Book / 천일문 GRAMMAR / 초등코치 천일문
어법끝 / 어휘끝 / 첫단추 / 쎈쓰업 / 파워업 / 빈칸백서 / 오답백서
쎄듀 본영어 / 문법의 골든룰 101 / ALL쏨 서술형 / 수능실감
거침없이 Writing / Grammar Q / Reading Q / Listening Q
왓츠 그래머 / 왓츠 리딩 / 패턴으로 말하는 초등 필수 영단어 등

쎄듀 영어교육연구센터
쎄듀 영어교육센터는 영어 콘텐츠에 대한 전문지식과 경험을 바탕으로
최고의 교육 콘텐츠를 만들고자 최선의 노력을 다하는 전문가 집단입니다.

인지영 책임연구원 · **장혜승** 선임연구원

마케팅	콘텐츠 마케팅 사업본부
영업	문병구
제작	정승호
인디자인 편집	로즈앤북스
표지 디자인	윤혜영
내지 디자인	에피그램
영문교열	Eric Scheusner

Foreword

〈초등코치 천일문 GRAMMAR〉 시리즈를 펴내며

초등 영문법, 어떻게 시작해야 할까요?

자녀가 어린 시기에는 대부분 영어를 재미있게 접했으면 하는 마음에서 회화나 스토리 읽기 위주의 학습을 합니다. 그런데 초등 고학년이 될수록 중학교 내신을 위해 문법 공부를 시작해야 한다는 조급함이 들기 시작하지요. 아이들에게도 갑자기 외워야 하는 많은 '문법 규칙'이 어렵게만 느껴집니다.

어떻게 하면 아이가 문법 규칙을 억지로 외우지 않고도 자연스럽게 이해할 수 있을까요? 바로 다양한 영어 문장을 통해 그 안에 있는 문법 규칙을 스스로 찾아보고 깨우치는 방법입니다. 수동적인 학습이 아니기에 아이 스스로 능동적으로 학습에 참여할 수 있으며, 찾아낸 규칙을 적용해보는 과정에서 문법에 대한 자신감도 키워갈 수 있습니다.

〈초등코치 천일문 GRAMMAR〉 시리즈는 **1,001개 예문을 통해 초등 필수 영문법은 물론 중학 기초 문법 사항까지 자연스럽게 익힐 수 있도록** 구성되었습니다.

| 문장을 통해 스스로 문법 규칙을 발견합니다.

스스로 발견한 규칙은 제시된 규칙을 암기하는 것보다 학습한 내용을 확실하게 자기 것으로 만들 수 있습니다. 규칙을 발견하기 위해 능동적으로 학습에 참여하고 노력하는 과정을 통해 머릿속 깊이 기억됩니다. 〈초등코치 천일문 GRAMMAR〉 시리즈는 암기식 학습보다는 이해를 동반한 참여 학습이 가능하도록 구성되었습니다.

| 발견 - 적용 - 확인의 3단계 구성으로 문법을 확실하게 익힐 수 있습니다.

1단계 Find the Rule에서는 영어 문장들을 통해 문법 규칙을 발견할 수 있도록 하였으며, **2단계 Apply the Rule**에서는 앞에서 발견한 규칙들을 바로 적용해 볼 수 있도록 했습니다. **3단계 Check the Rule Again**에서는 다시 한 번 규칙을 정리해 볼 수 있습니다. 이러한 3단계 구성은 자연스럽게 문법 규칙이 머릿속에 기억될 수 있도록 도와줄 것입니다.

〈초등코치 천일문 GRAMMAR〉 시리즈를 통해 문법 규칙을 확실하게 자기 것으로 만듦으로써 탄탄한 기초를 세울 수 있을 것 입니다. 〈초등코치 천일문 GRAMMAR〉 시리즈와의 만남을 통해 영어 학습이 더욱더 쉬워지고 즐거워지는 경험을 꼭 할 수 있기를 희망합니다.

저 자

Preview

QR코드
휴대폰을 통해 QR코드를 인식하면, 본문의 예문 MP3 파일이 재생됩니다.

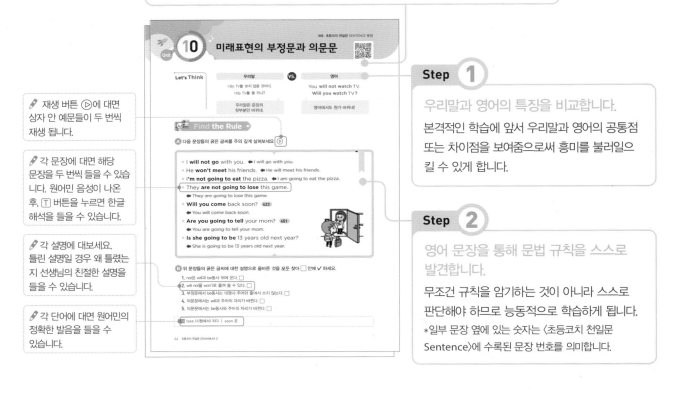

🖊 재생 버튼 ▷에 대면
상자 안 예문들이 두 번씩
재생 됩니다.

🖊 각 문장에 대면 해당
문장을 두 번씩 들을 수 있습
니다. 원어민 음성이 나온
후, Ⓣ 버튼을 누르면 한글
해석을 들을 수 있습니다.

🖊 각 설명에 대보세요.
틀린 설명일 경우 왜 틀렸는
지 선생님의 친절한 설명을
들을 수 있습니다.

🖊 각 단어에 대면 원어민의
정확한 발음을 들을 수
있습니다.

Step 1
우리말과 영어의 특징을 비교합니다.
본격적인 학습에 앞서 우리말과 영어의 공통점
또는 차이점을 보여줌으로써 흥미를 불러일으
킬 수 있게 합니다.

Step 2
**영어 문장을 통해 문법 규칙을 스스로
발견합니다.**
무조건 규칙을 암기하는 것이 아니라 스스로
판단해야 하므로 능동적으로 학습하게 됩니다.
*일부 문장 옆에 있는 숫자는 〈초등코치 천일문
Sentence〉에 수록된 문장 번호를 의미합니다.

Step 3
발견한 문법 규칙을 적용해봅니다.
Find the Rule에서 발견한 규칙을 바로 적용
해봄으로써 머릿속에 효과적으로 각인시킬 수
있습니다.

Step 4
간단한 확인 문제를 풉니다.
기본 문제를 통해 규칙을 바르게 익혔는지 확인
할 수 있습니다.

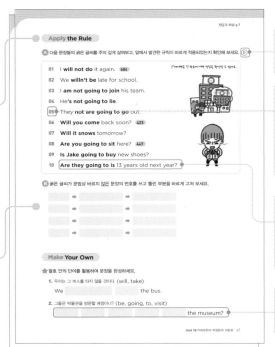

🖊 재생 버튼 ▷에 대면
문법상 올바른 문장이
두 번씩 재생됩니다.

🖊 각 번호에 대면 문법상
올바른 문장인지 아닌지
정답을 확인할 수 있습니다.
문법상 틀린 문장일 경우 왜
틀렸는지 선생님의 친절한
설명을 들을 수 있습니다.

🖊 각 문장에 대면 문법상
올바른 문장을 두 번씩 들을
수 있습니다. 원어민 음성이
나온 후, Ⓣ 버튼을 누르면
한글 해석을 들을 수 있습니다.

🖊 각 빈칸에 대면 정답을
포함한 전체 문장을 들을 수
있습니다.

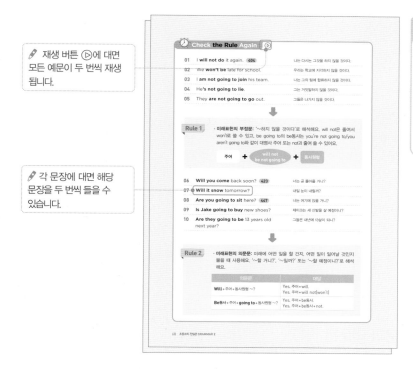

Step 5

올바른 문장을 확인하고, 문법 규칙을
정리합니다.

Apply the Rule에서 틀린 문장을 제대로
고쳤는지 점검합니다. 한눈에 알기 쉽게 정리된
규칙을 보고 최종 학습합니다.

Step 6

다양한 문제를 통해 문법 규칙을 적용합니다.
문법을 확실하게 익힐 수 있는 다양한 유형의 문제를 풀어
봅니다.

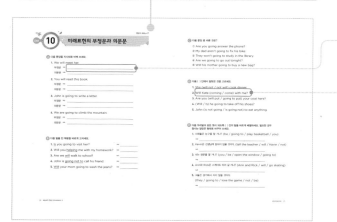

Step 7

워크북으로 문법 규칙을 마스터합니다.
부족했던 부분은 워크북을 통해 충분히 연습할 수 있습니다.

Step 8

무료 부가서비스 자료로 완벽하게 복습합니다.

1. 어휘리스트   2. 어휘테스트   3. MP3 파일

*모든 자료는 www.cedubook.com에서 다운로드 가능합니다.

세이펜
활용하기

〈초등코치 천일문 Grammar〉는 세이펜이 적용된 도서입니다. 세이펜을 영어에 가져다 대기만 하면
원어민이 들려주는 생생한 영어 발음과 억양을 바로 확인할 수 있습니다.

Contents 📖

책속책 WORKBOOK | 정답과 해설

〈초등코치 천일문 GRAMMAR 3〉 목차

Study Plan

<초등코치 천일문 GRAMMAR 2> 학습 계획표

★ 18일 완성!

	Unit	공부한 날짜	
1일차	Unit 01 / 워크북	월	일
2일차	Unit 02 / 워크북	월	일
3일차	Unit 03 / 워크북	월	일
4일차	Unit 04 / 워크북	월	일
5일차	Unit 05 / 워크북	월	일
6일차	Unit 06 / 워크북	월	일
7일차	Unit 07 / 워크북	월	일
8일차	Unit 08 / 워크북	월	일
9일차	Unit 09 / 워크북	월	일
10일차	Unit 10 / 워크북	월	일
11일차	Unit 11 / 워크북	월	일
12일차	Unit 12 / 워크북	월	일
13일차	Unit 13 / 워크북	월	일
14일차	Unit 14 / 워크북	월	일
15일차	Unit 15 / 워크북	월	일
16일차	Unit 16 / 워크북	월	일
17일차	Unit 17 / 워크북	월	일
18일차	Unit 18-19 / 워크북	월	일

★ 10일 완성!

	Unit	공부한 날짜	
1일차	Unit 01, 02 / 워크북	월	일
2일차	Unit 03, 04 / 워크북	월	일
3일차	Unit 05, 06 / 워크북	월	일
4일차	Unit 07, 08 / 워크북	월	일
5일차	Unit 09, 10 / 워크북	월	일
6일차	Unit 11, 12 / 워크북	월	일
7일차	Unit 13, 14 / 워크북	월	일
8일차	Unit 15, 16 / 워크북	월	일
9일차	Unit 17, 18 / 워크북	월	일
10일차	Unit 19 / 워크북	월	일

단어

뜻을 가진 말의 가장 작은 단위예요. 알파벳들이 모여서 뜻을 가지는 하나의 단어를 만들어요.

house 집

dog 개

present 선물

문장

여러 개의 단어가 일정한 규칙에 따라 배열되어 하나의 '문장'을 만들어요.
문장은 완전한 내용을 나타내는 가장 작은 단위예요.
I like a dog. 나는 개를 좋아한다.

품사

문장을 이루는 가장 작은 단위인 '단어'를 문법적인 기능에 따라 분류한 것이 바로 품사예요.

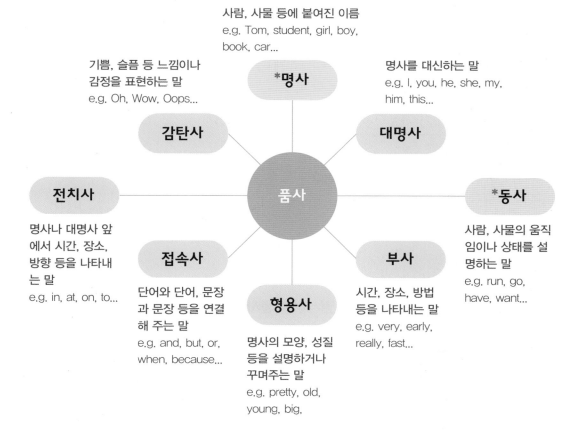

사람, 사물 등에 붙여진 이름
e.g. Tom, student, girl, boy, book, car...

명사를 대신하는 말
e.g. I, you, he, she, my, him, this...

기쁨, 슬픔 등 느낌이나 감정을 표현하는 말
e.g. Oh, Wow, Oops...

*명사

대명사

감탄사

전치사

품사

*동사

명사나 대명사 앞에서 시간, 장소, 방향 등을 나타내는 말
e.g. in, at, on, to...

접속사

부사

사람, 사물의 움직임이나 상태를 설명하는 말
e.g. run, go, have, want...

단어와 단어, 문장과 문장 등을 연결해 주는 말
e.g. and, but, or, when, because...

형용사

시간, 장소, 방법 등을 나타내는 말
e.g. very, early, really, fast...

명사의 모양, 성질 등을 설명하거나 꾸며주는 말
e.g. pretty, old, young, big.

*모든 문장에는 반드시 '명사'와 '동사'가 있어야 해요.

아래 문장들에서 각 품사를 한번 확인해 볼까요?

- Tom is my friend. He is very nice. 톰은 내 친구이다. 그는 매우 친절하다.
  명사 동사 대명사 명사 대명사   부사 형용사

- An elephant is large, but a mouse is small. 코끼리는 크지만, 쥐는 작다.
   명사   동사 형용사 접속사   명사   형용사

- I have homework today. 나는 오늘 숙제가 있다.
  대명사 동사   명사   부사

- Oh, I am sorry. 오, 미안합니다.
  감탄사 대명사 동사 형용사

- A book is on the table. 책 한 권이 테이블 위에 있다.
   명사 동사 전치사   명사

문장을 이루는 성분

영어의 문장은 주어와 동사가 기본 요소가 돼요. 동사의 의미와 성격에 따라 그 뒤에
목적어가 오기도 하고 보어가 오기도 해요.

문장을 이루는 기본 단위

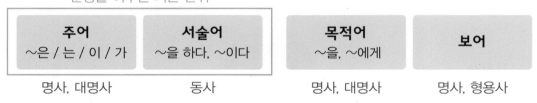

주어 ~은 / 는 / 이 / 가	서술어 ~을 하다, ~이다	목적어 ~을, ~에게	보어
명사, 대명사	동사	명사, 대명사	명사, 형용사

1. 주어란?

문장의 주인을 말해요. 품사 중에서 명사나 대명사가 주어 역할을 해요.
The girl is my sister. 그 여자아이는 내 동생이다.
  주어

2. 서술어란?

주어가 하는 행동이나 주어의 상태를 나타내요. 품사 중에서 동사가 서술어의 역할을 해요.

I like a cat. 나는 고양이를 좋아한다.
<u> </u>
서술어

3. 목적어란?

동사가 나타내는 동작의 대상이 되는 말이에요. 주어가 '무엇을' 하는지 나타내요.
품사 중에서 명사나 대명사가 목적어 역할을 해요.

I like a cat. 나는 고양이를 좋아한다.
    <u>   </u>
    목적어

4. 보어란?

주어나 목적어의 의미를 보충해서 설명해줘요. 보어 자리에는 명사와 형용사가 올 수 있어요.

The girl is my sister. 그 여자아이는 내 동생이다.
<u>   </u>   <u>   </u>
 주어   보어(주어 **The girl**을 보충 설명)

We are happy. 우리는 행복하다.
<u> </u>   <u>   </u>
주어   보어(주어 **We**를 보충 설명)

Let's Start!

Unit **01** 조동사 can/may

Let's Think

우리말	VS.	영어

나는 빠르게 달릴 수 있다.
너는 들어와도 된다.

I **can** run fast.
You **can** come in.

우리말에서는 각각 '~할 수 있다'와
'~해도 된다'로 말하지.

영어에서는 똑같이
can이 쓰였네!

Find the Rule

A 다음 문장들의 굵은 글씨를 주의 깊게 살펴보세요. ▷

- I **can** play the piano. **215**
- We **can** swim well.
- You **can** play computer games. **235**
- You **may** be on our team.
- He **can** jump high.
- She **can** watch TV now.
- He **may** open the window.
- They **may** go home.

B 위 문장들의 굵은 글씨에 대한 설명으로 올바른 것을 <u>모두</u> 찾아 ☐ 안에 ✔ 하세요.

1. can과 may는 be동사 또는 일반동사 앞에 온다. ☐
2. 주어가 3인칭 단수일 때 can과 may 뒤에 -s나 -es가 붙는다. ☐
3. can과 may 뒤에 오는 동사는 모두 동사의 원형이다. ☐

📖 play (악기를) 연주하다; (게임을) 하다 | computer game 컴퓨터 게임 | jump 뛰다, 점프하다 | window 창문
home 집에, 집으로

Apply **the Rule**

A 다음 문장들의 굵은 글씨를 주의 깊게 살펴보고, 앞에서 발견한 규칙이 바르게 적용되었는지 확인해 보세요. ▷

01   I **play can** the piano.   215

02   I **can speak** English.   219

03   We **can throw** a ball far.

04   You **can play** computer games.   235

05   You **may are** on our team.

06   They **may go** to the bathroom.

07   She **can watch** TV now.

08   The boy **can dances** well.

09   He **may open** the window.

10   Mary **mays enter** the room.

✎ 세이펜을 각 번호에 대면 정답을 확인할 수 있어요.

B 굵은 글씨가 문법상 바르지 <u>않은</u> 문장의 번호를 쓰고 틀린 부분을 바르게 고쳐 보세요.

	➡		➡	
	➡		➡	
	➡		➡	
	➡		➡	

Make **Your Own**

⭐ 괄호 안의 단어를 활용하여 문장을 완성하세요.

1. 그녀는 요리할 수 있다. (can, cook)

　She 　　　　　　　　　　　　　　　　　　　.

2. 그는 집에 머물러도 된다. (may, stay, home)

　He 　　　　　　　　　　　　　　　　　　　　　　　.

Check the Rule Again

01	I **can** play the piano. `215`		나는 피아노를 칠 수 있다.
02	I **can** speak English. `219`		나는 영어를 할 수 있다.
03	We **can** throw a ball far.		우리는 공을 멀리 던질 수 있다.
04	You **can** play computer games. `235`		너는 컴퓨터 게임을 해도 된다.
05	You **may** be on our team.		너는 우리 팀에 들어와도 된다.
06	They **may** go to the bathroom.		그들은 화장실에 가도 된다.

Rule 1

- **조동사:** be동사나 일반동사 앞에 쓰여 동사에 의미를 더해 주는 동사.
  조동사 뒤에는 반드시 **동사원형**이 와요.

can	능력(~할 수 있다)
can/may	허락(~해도 된다)

+

**be
일반동사의 동사원형**

07	She **can** watch TV now.	그녀는 지금 TV를 봐도 된다.
08	The boy **can** dance well.	그 남자아이는 춤을 잘 출 수 있다.
09	He **may** open the window.	그는 창문을 열어도 된다.
10	Mary **may** enter the room.	메리는 방에 들어와도 된다.

Rule 2

- 주어가 3인칭 단수일 때도, 조동사의 형태는 변하지 않아요.

I, You, We, They 또는 복수 주어	3인칭 단수 주어
I **can** run fast.	*He* **can** run fast.
You **can** use my pencil.	*She* **can** use my pencil.
We **may** play with these toys.	*My brother* **may** play with these toys.
They **may** stay here.	*Jenny* **may** stay here.

Exercises

A 다음 문장에서 조동사 can이나 may가 들어갈 위치를 고르세요.

1. You ① use ② my ③ chair.

2. We ① play ② baseball ③ here.

3. Linda ① and ② her mother ③ bake cookies.

4. My ① dad ② ride ③ a horse.

5. Your ① brother ② enter ③ the room.

6. The kids ① use ② the ③ scissors.

7. My brother ① and ② I ③ go to bed late.

8. Birds ① fly ② in the ③ sky.

B 다음 ( ) 안에서 알맞은 것을 고르세요.

1. The child can (read / reads) English.

2. Jane can (making / make) soup.

3. We can (swims / swim) in the river.

4. Paul can (has / have) cookies after dinner.

5. That strong man can (carry / carries) this heavy box.

6. Your friends may (stays / stay) longer.

7. Suzy may (waits / wait) in the living room.

8. The basketball player can (jump / jumping) high.

📖 **A** enter 들어가다 | kid 아이 | scissors 가위 **B** have 먹다 | after ~후에 | carry 옮기다 | heavy 무거운
stay 머무르다 | longer 더 오래 | living room 거실 | basketball player 농구 선수

C 다음 밑줄 친 부분을 바르게 고치세요.

1. My mother can <u>plays</u> the violin. ➡

2. You can <u>brings</u> food to the picnic. ➡

3. The students <u>ask may</u> questions. ➡

4. Chris <u>mays</u> use my cup. ➡

5. She <u>cans writes</u> in English. ➡

6. The boys <u>mays eats</u> the apples in the basket. ➡

7. He <u>mays takes</u> a break now. ➡

D 다음 우리말과 같은 뜻이 되도록 ( ) 안의 말을 바르게 배열하세요.

1. 나의 친구들은 스케이트를 탈 수 있다. (skate / my friends / can)

   ➡

2. 너는 나의 우산을 사용해도 된다. (my umbrella / you / may / use)

   ➡

3. 사람들은 음식을 조금 가져가도 된다. (take / some food / people / may)

   ➡

4. 그녀의 아버지는 프랑스어를 할 수 있다. (speak / French / her father / can)

   ➡

5. 그는 나의 지우개를 빌려도 된다. (can / borrow / he / my eraser)

   ➡

📖 **C** violin 바이올린 | bring 가져오다 | picnic 소풍 | question 질문 | basket 바구니
take a break 휴식을 취하다

E 다음 빈칸에 들어갈 말로 알맞은 것은?

1. My father _____ a big truck.

① drive ② can drives ③ can drive
④ cans drives ⑤ can

2. You _____ to me about everything.

① can talks ② can talk ③ cans talk
④ can ⑤ talks

3. The children _____ to the party this Saturday.

① may goes ② may go ③ goes
④ may ⑤ mays go

F 다음 중 밑줄 친 부분의 쓰임이 <u>다른</u> 것은?

1. ① Your puppy <u>can</u> run fast.
② He <u>can</u> jump high with those shoes.
③ The students <u>can</u> swim well.
④ The girls <u>can</u> stay here.
⑤ Jane <u>can</u> make pizza quickly.

2. ① My math teacher <u>can</u> sing very well.
② You <u>can</u> close the window now.
③ Lucy <u>can</u> speak Chinese.
④ They <u>can</u> make delicious popcorn.
⑤ Ben <u>can</u> ride a bike.

📖 **E** drive 운전하다 ㅣ talk to ~에게 말하다 ㅣ everything 모든 것 ㅣ children 아이들 **F** puppy 강아지
quickly 빨리 ㅣ Chinese 중국어 ㅣ popcorn 팝콘

02 조동사 must/should

Let's Think

우리말	VS.	영어
너는 안전벨트를 매야 한다. 너는 좀 쉬어야 한다.		You **must** wear a seat belt. You **should** take a break.
우리말에서는 해야 하는 일을 말할 때 '〜해야 한다'라고 하지.		영어에서는 다른 말을 쓰네! 어떤 점이 다를까?

 Find the Rule

A 다음 문장들의 굵은 글씨를 주의 깊게 살펴보세요. ▷

- I **must** help her.
- You **must** stop at the red light. **271**
- He **must** study for the test.
- They **must** be careful.
- You **should** read many books.
- We **should** be on time.
- He **should** take a break.
- Judy **should** wear a cap.

B 위 문장들의 굵은 글씨에 대한 설명으로 올바른 것을 <u>모두</u> 찾아 ☐ 안에 ✔ 하세요.

1. must와 should는 be동사 또는 일반동사 앞에 온다. ☐
2. 주어가 3인칭 단수일 때 must와 should 뒤에 -s나 -es가 붙는다. ☐
3. must와 should 뒤에 오는 일반동사는 동사의 원형이다. ☐
4. must와 should 뒤에 am, are, is 대신 be가 온다. ☐

📖 red light 빨간 신호등 | careful 조심하는 | on time 정각에 | take a break 휴식을 취하다 | cap 모자

Apply **the Rule**

A 다음 문장들의 굵은 글씨를 주의 깊게 살펴보고, 앞에서 발견한 규칙이 바르게 적용되었는지 확인해 보세요. ▷

01 I **must go** now.

02 You **must be** careful. `267`

03 We **must stop** at the red light.

04 I **should take** the medicine. `265`

05 You **should washes** your hands first.

06 We **should help** each other.

07 People **should are** quiet here.

08 She **must wear** a helmet.

09 Tom **musts answer** all the questions.

10 He **shoulds eat** vegetables.

세이펜을 각 번호에 대면 정답을 확인할 수 있어요.

B 굵은 글씨가 문법상 바르지 <u>않은</u> 문장의 번호를 쓰고 틀린 부분을 바르게 고쳐 보세요.

	➡		➡	
	➡		➡	
	➡		➡	
	➡		➡	

Make **Your Own**

⭐ 괄호 안의 단어를 활용하여 문장을 완성하세요.

1. 너는 장갑을 껴야 한다. (wear, gloves, should)

You _____ _____ _____ .

2. 그녀는 반드시 사실을 말해야 한다. (tell, the truth, must)

She _____ _____ _____ .

Check the Rule Again

01	I **must** go now.	나는 지금 반드시 가야만 한다.
02	You **must** be careful. `267`	너는 반드시 조심해야 한다.
03	We **must** stop at the red light.	우리는 빨간 신호등에서 반드시 멈춰야 한다.
04	I **should** take the medicine. `265`	나는 약을 먹어야 한다.
05	You **should** wash your hands first.	너는 먼저 손을 씻어야 한다.
06	We **should** help each other.	우리는 서로 도와야 한다.
07	People **should** be quiet here.	사람들은 여기에서 조용히 해야 한다.

Rule 1

· 조동사 must는 꼭 해야 하는 일을 강하게 말할 때 사용해요.
조동사 should도 '~해야 한다'는 의미를 나타내지만 '~하는 것이 좋겠다'
라는 충고의 의미를 더해 줍니다. 조동사 뒤에는 반드시 동사원형이 와요.

must	의무(반드시 ~해야 한다)	**be**
should	충고, 조언(~해야 한다)	**일반동사의 동사원형**

＋

*must를 have to로 바꿔 쓸 수 있어요. (You **have to** stay here.)

08	She **must** wear a helmet.	그녀는 반드시 헬멧을 써야 한다.
09	Tom **must** answer all the questions.	톰은 모든 문제에 반드시 대답해야 한다.
10	He **should** eat vegetables.	그는 채소를 먹어야 한다.

Rule 2

· 주어가 3인칭 단수일 때도, 조동사의 형태는 변하지 않아요.

I, You, We, They 또는 복수 주어	3인칭 단수 주어
I **must** find her.	*He* **must** find her.
You **must** come home early.	*She* **must** come home early.
We **should** drink milk.	*My friend* **should** drink milk.
They **should** go out.	*Jason* **should** go out.

*have to는 주어가 3인칭 단수일 때, has to로 써야 해요. (*She* **has to** go now.)

Exercises

A 다음 문장에서 조동사에 ○ 하세요.

1. The students should stay in the classroom.

2. Lisa should join the English club at school.

3. His brother must speak in English in class.

4. We should exercise every day.

5. They should close the window.

6. You must be careful with fire.

B 다음 문장에서 조동사 must나 should가 들어갈 알맞은 위치를 고르세요.

1. You ① be ② honest ③ with your parents.

2. Bob ① and his brother ② leave for ③ the airport.

3. My ① brother ② hurry ③ up.

4. Paula ① and ② her friends ③ be quiet in the library.

5. My mom ① get ② up ③ early tomorrow.

6. My ① little sisters ② clean ③ their rooms.

C 다음 문장을 읽고, 해석이 바른 것을 고르세요.

1. You must brush your teeth every day.

　　a. 너는 매일 양치질을 해도 된다.
　　b. 너는 매일 양치질을 해야 한다.

2. We should follow the school rules.

　　a. 우리는 학교 규칙을 따라야 한다.
　　b. 우리는 학교 규칙을 따를 수 있다.

📖 **A** stay 머무르다 | join 가입하다 | club 동아리 | exercise 운동하다 | close 닫다　**B** honest 정직한
parents 부모 | leave for ~로 떠나다 | airport 공항 | get up 일어나다 | early 일찍

D 다음 ( ) 안에서 알맞은 것을 고르세요.

1. We must (clean / cleans) our classroom now.

2. Sally should (talks / talk) to the teacher.

3. I (must / shoulds) take care of my sister.

4. Nate (musts / must) wear a school uniform to school.

5. Ann (should / shoulds) finish her homework.

6. You should (studies / study) for the math test.

7. The children (musts / must) wait in line.

8. Jake and I should (stay / stays) inside.

E 다음 우리말과 같은 뜻이 되도록 〈보기〉에서 알맞은 것을 골라 문장을 완성하세요.

〈보기〉	must go	should bring	must do	should put

1. Ben은 그의 가방 안에 그의 모자를 두어야 한다.
   ➡ Ben _____ his hat in his bag.

2. Jack과 그의 형은 반드시 집으로 돌아가야 한다.
   ➡ Jack and his brother _____ back home.

3. 너는 너의 체육복을 가져와야 한다.
   ➡ You _____ your gym clothes.

4. Tim은 시험을 잘 봐야 한다.
   ➡ Tim _____ well on the test.

📖 **D** take care of ~을 돌보다 | school uniform 교복 | math 수학 | wait in line 줄을 서서 기다리다

F 다음 밑줄 친 부분을 바르게 고치세요.

1. He should <u>gets</u> some sleep. ➡

2. You <u>shoulds</u> think about it. ➡

3. The team <u>musts</u> do their best. ➡

4. She must <u>is</u> polite to the teacher. ➡

5. Tim must <u>wears</u> a helmet. ➡

6. The kid <u>shoulds</u> take care of his pet. ➡

7. We should <u>knows</u> the rules. ➡

G 다음 빈칸에 들어갈 말로 알맞은 것은?

1. My friend ＿＿＿＿＿＿＿ bus number 11 over there.

① take must　　② musts take　　③ must take

④ must takes　　⑤ must

2. Danny ＿＿＿＿＿＿ to his mother.

① shoulds listen　　② should　　③ should listens

④ should listen　　⑤ listen should

3. You ＿＿＿＿＿＿ more careful with the scissors.

① must are　　② must be　　③ musts be

④ be must　　⑤ must

📖 **F** some 약간의 | sleep 잠 | think about ~에 대해 생각하다 | do one's best 최선을 다하다 | polite 예의 바른 pet 애완동물 | rule 규칙　**G** take (버스를) 타다 | over there 저쪽에서 | more 더 많이 | scissors 가위

Unit 03 조동사의 부정문

Let's Think

우리말	VS.	영어
너는 노래를 부를 수 있다. 너는 노래를 부를 수 없다.		You can sing. You can**not** sing.
우리말에서는 '~할 수 없다'로 부정을 나타내지.		영어에서는 not이라는 단어가 생겼네!

Find the Rule

 A 다음 문장들의 굵은 글씨를 주의 깊게 살펴보세요. ▶

- I **cannot** hear you. `228` ⬅ I can hear you.
- You **can't** take it. ⬅ You can take it.
- He **may not** go out at night. ⬅ He may go out at night.
- You **must not** bring food here. ⬅ You must bring food here.
- Students **mustn't** leave bicycles here.
  ⬅ Students must leave bicycles here.
- We **should not** be outside now.
  ⬅ We should be outside now.
- She **shouldn't** open the door.
  ⬅ She should open the door.

B 위 문장들의 굵은 글씨에 대한 설명으로 올바른 것을 <u>모두</u> 찾아 ☐ 안에 ✔ 하세요.

1. not은 조동사와 일반동사 사이에 온다. ☐
2. not은 조동사와 be동사 사이에 온다. ☐
3. can과 not은 띄어 쓰지 않고 cannot으로 붙여 쓴다. ☐
4. cannot은 can't로 줄여 쓸 수 있다. ☐
5. must not은 mustn't로 줄여 쓸 수 있다. ☐
6. should not은 should'nt로 줄여 쓸 수 있다. ☐

📖 take 가지고 가다 | go out 나가다 | bring 가져오다 | leave 두고 가다 | noisy 시끄러운

Apply **the Rule**

Ⓐ 다음 문장들의 굵은 글씨를 주의 깊게 살펴보고, 앞에서 발견한 규칙이 바르게 적용되었는지 확인해 보세요. ▷

✏️ 세이펜을 각 번호에 대면 정답을 확인할 수 있어요.

01 I **cann't swim** well. `222`

02 I **can't find** my glasses. `227`

03 You **cannot be** late for class.

04 You **not may take** the book.

05 He **may not go** out at night.

06 Sara **may not put** her bag here.

07 They **must talk not** during the movie.

08 Students **mustn't leave** bicycles here.

09 We **should not lie**.

10 She **shouldn'ot open** the door.

Ⓑ 굵은 글씨가 문법상 바르지 <u>않은</u> 문장의 번호를 쓰고 틀린 부분을 바르게 고쳐 보세요.

[ ] ➡ [ ] ➡ [ ]

[ ] ➡ [ ] ➡ [ ]

[ ] ➡ [ ] ➡ [ ]

[ ] ➡ [ ] ➡ [ ]

Make **Your Own**

⭐ 괄호 안의 단어를 활용하여 문장을 완성하세요.

1. 그녀는 바이올린을 켤 수 없다. (can, play)

She [   ] [   ] the violin.

2. 너는 집에서 뛰면 안 된다. (must, jump)

You [   ] [   ] in the house.

01	I **can't** swim well. **222**	나는 수영을 잘할 수 없다.
02	I **can't** find my glasses. **227**	나는 내 안경을 찾을 수 없다.
03	You **cannot** be late for class.	너는 수업에 늦으면 안 된다.
04	You **may not** take the book.	너는 그 책을 가져가면 안 된다.
05	He **may not** go out at night.	그는 밤에 나가면 안 된다.
06	Sara **may not** put her bag here.	사라는 여기에 가방을 두면 안 된다.
07	They **must not** talk during the movie.	그들은 영화 보는 동안 말하면 안 된다.
08	Students **mustn't** leave bicycles here.	학생들은 여기에 자전거를 두면 안 된다.
09	We **should not** lie.	우리는 거짓말하면 안 된다.
10	She **shouldn't** open the door.	그녀는 문을 열면 안 된다.

⬇

Rule

- **조동사의 부정문:** 조동사 뒤에 not을 붙여요.

 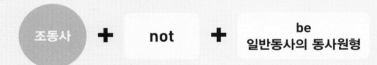

조동사 ✚ **not** ✚ **be 일반동사의 동사원형**

- 「조동사+not」은 보통 줄여 쓸 수 있지만, may not은 줄여서 쓰지 않아요.

조동사의 부정문	의미
주어+**cannot[can't]**	~할 수 없다 (능력) ~하면 안 된다 (허가)
주어+**may not**	~하면 안 된다 (허가)
주어+**must not[mustn't]**	~하면 안 된다 (강한 금지)
주어+**should not[shouldn't]**	~하면 안 된다 (금지)

Exercises

A 다음 문장에서 not이 들어갈 위치를 고르세요.

1. Students ① may ② wear a hat ③ in class.

2. He ① must ② walk ③ in the snow.

3. Ben ① and his brother ② may ③ play outside at night.

4. You ① must ② tell ③ lies.

5. The kid ① should ② be ③ noisy in the library.

B 다음 ( ) 안에서 알맞은 것을 고르세요.

1. Eric (can't goes / can't go) home early today.

2. Susan (must not use / must not uses) her cell phone in class.

3. My sister (mays not / may not) leave the room yet.

4. Tom (cans not / cannot) play computer games at home.

5. They (not must / must not) follow strangers.

6. She (shouldn't talks / shouldn't talk) out loud during the movie.

7. He (can't swim / can't swims) very well.

8. They (mayn't / may not) eat during the class.

9. People (should not / should't) waste water.

10. Mary (can't answers / cannot answer) all the questions.

📖 **A** lie 거짓말 **B** early 일찍 | cell phone 휴대전화 | leave 떠나다 | yet 아직 | follow 따라가다
stranger 낯선[모르는] 사람 | out loud 큰 소리로 | during ～ 동안 | well 잘 | waste 낭비하다

C 다음 밑줄 친 부분을 바르게 고치세요.

1. You <u>should not are</u> late for school. ➡

2. The students <u>musn't</u> forget the homework. ➡

3. Jane <u>musts not</u> tell lies. ➡

4. John <u>should not has</u> any water. ➡

5. You <u>mayn't</u> take off your shoes. ➡

D 다음 문장을 부정문으로 바꿔 쓰세요.

1. Amy must leave early.

   ➡

2. I can bake bread.

   ➡

3. Tom may watch TV at night.

   ➡

4. You should go inside.

   ➡

5. The visitors must take pictures in this museum.

   ➡

6. Tim can play computer games now.

   ➡

C forget 잊다 | have 먹다; 마시다 | take off (옷 등을) 벗다 **D** building 건물 | bake (음식을) 굽다
visitor 방문객 | take a picture 사진을 찍다 | museum 박물관

1. Jim _____ the door.

① shoulds not open   ② doesn't should open

③ should not open   ④ should not opens

⑤ should doesn't open

2. The girls _____ the mirror.

① musts not touch   ② must not touches

③ must don't touch   ④ mustn't touch

⑤ musts not touch

3. Jerry _____ about it.

① cannot talk   ② cans not talk

③ may not talks   ④ mays not talk

⑤ can't talks

4. We _____ music late at night.

① can't plays   ② cans not play

③ cann't play   ④ can't play

⑤ cannot plays

F 다음 밑줄 친 부분 중 바르지 <u>않은</u> 것은?

1. Lenny ① <u>may</u> ② <u>not</u> ③ <u>goes</u> ④ <u>home</u> ⑤ <u>yet</u>.

2. She ① <u>shoulds</u> ② <u>not</u> ③ <u>throw</u> ④ <u>a ball</u> ⑤ <u>here</u>.

3. My father ① <u>cannot</u> ② <u>coming</u> ③ <u>home</u> ④ <u>early</u> ⑤ <u>tonight</u>.

4. The ① <u>children</u> ② <u>must</u> ③ <u>not</u> ④ <u>jumps</u> ⑤ <u>in the elevator</u>.

📖 **E** touch 만지다 | mirror 거울 **F** throw 던지다 | children 아이들 | elevator 엘리베이터

Unit 04 조동사의 의문문

Let's Think

우리말	VS.	영어
너는 나를 도와줄 수 있다.		**You can** help me.
너는 나를 도와줄 수 있니?		**Can you** help me?
우리말은 문장의 뒷부분만 바뀌네.		영어에서는 문장의 앞에서 뭔가 바뀌네!

 Find the Rule

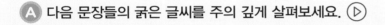

A 다음 문장들의 굵은 글씨를 주의 깊게 살펴보세요. ▷

- **Can he** swim?
  ← He can swim.
- **Can I** ride your bike?
  ← I can ride your bike.
- **Can you** help me? `249`
  ← You can help me.
- **May I** take a picture here?
  ← I may take a picture here.
- **Should we** take a bus?
  ← We should take a bus.

B 위의 각 첫 번째 문장들에 대한 설명으로 올바른 것을 <u>모두</u> 찾아 ☐ 안에 ✔ 하세요.

1. 물음표로 끝나는 의문문이다. ☐
2. 조동사가 문장 맨 앞에 온다. ☐
3. 조동사 뒤에는 주어가 온다. ☐
4. 주어가 3인칭 단수일 때 일반동사 뒤에 −s나 −es가 붙는다. ☐
5. 주어 뒤에는 동사원형이 온다. ☐

📖 swim 수영하다 | help 돕다 | take a picture 사진을 찍다 | take a bus 버스를 타다

Apply **the Rule**

A 다음 문장들의 굵은 글씨를 주의 깊게 살펴보고, 앞에서 발견한 규칙이 바르게 적용되었는지 확인해 보세요.

01 **Can you speak** English?

02 **Can move he** the desk?

03 **Can I go** with you? `242`

04 **Can I drink** some water?

05 **Can you help** me? `249`

06 **I may sit** here?

07 **May I go** to the bathroom?

08 **Should I go** now?

09 **They should stay** inside?

10 **Should she washes** her hands first?

세이펜을 각 번호에 대면 정답을 확인할 수 있어요.

B 굵은 글씨가 문법상 바르지 <u>않은</u> 문장의 번호를 쓰고 틀린 부분을 바르게 고쳐 보세요.

Make **Your Own**

⭐ 괄호 안의 단어를 활용하여 문장을 완성하세요.

1. 제가 이것을 먹어도 되나요? (may, have)

                                        this?

2. Kate는 피아노를 칠 수 있니? (play, Kate, can)

                                        the piano?

01	**Can you speak** English?	너는 영어를 할 수 있니?
02	**Can he move** the desk?	그는 그 책상을 옮길 수 있니?
03	**Can I go** with you? `242`	내가 너와 같이 가도 될까?
04	**Can I drink** some water?	물 좀 마셔도 될까?
05	**Can you help** me? `249`	너 나를 좀 도와줄래?
06	**May I sit** here?	저 여기에 앉아도 될까요?
07	**May I go** to the bathroom?	저 화장실에 가도 될까요?
08	**Should I go** now?	저는 지금 가야 하나요?
09	**Should they stay** inside?	그들은 안에 머물러야 하나요?
10	**Should she wash** her hands first?	그녀는 먼저 그녀의 손을 씻어야 하나요?

Rule

- **조동사의 의문문:** 주어와 조동사의 자리를 서로 바꾸고 마지막에 물음표(?)를 넣어 의문문을 만들어요.

 조동사 **+** 주어 **+** be 일반동사의 동사원형 **+** ~?

- **조동사 의문문에 대한 대답:** Yes 또는 No로 답해요. 의문문의 주어가 일반명사일 때, 대답은 그 명사를 알맞은 대명사로 바꿔서 해요.

조동사 의문문	의미	대답
Can + 주어 + ~**?**	~할 수 있니? (능력) ~해도 되나요? (허락) ~해줄래? (요청)	**Yes**. 주어 + **can**. **No**. 주어 + **cannot[can't]**.
May + 주어 + ~**?**	~해도 되나요? (허락)	**Yes**. 주어 + **may**. **No**. 주어 + **may not**.
Should + 주어 + ~**?**	~해야 하나요? (의무)	**Yes**. 주어 + **should**. **No**. 주어 + **should not[shouldn't]**.

Exercises

A 다음 ( ) 안에서 알맞은 것을 고르세요.

1. May I (comes / come) in?

2. Should I (sees / see) a doctor?

3. Can you (pass / passes) the ball?

4. Can he (goes / go) outside now?

5. Can you (hold / holds) the door for me?

6. Should Amy and her sister (walk / walks) home?

B 다음 밑줄 친 부분을 바르게 고치세요.

1. Can you <u>helps</u> me with the box? ➡

2. Should Tom <u>joins</u> the red team? ➡

3. <u>Cans</u> you sing an English song? ➡

4. Should <u>go I</u> to the teachers' room now? ➡

5. Can he <u>solves</u> this math problem? ➡

6. <u>Mays</u> Tom bring food there? ➡

7. <u>Shoulds</u> she take off her hat? ➡

8. Can <u>do we</u> it later? ➡

9. <u>I may</u> use your phone? ➡

10. Should he <u>comes</u> back tomorrow? ➡

📖 **A** come in 들어오다 | see a doctor 병원에 가다 | pass (공을) 패스하다 | hold (손·팔 등으로) 잡다
B teachers' room 교무실 | solve 해결하다, 풀다 | bring 가져오다 | take off (옷 등을) 벗다 | later 나중에

C 다음 문장을 의문문으로 바꿔 쓰세요.

1. I can leave after lunch.

➡

2. Mary should take some medicine now.

➡

3. Peter should do homework after school.

➡

4. I should call my mother later.

➡

5. They can watch TV.

➡

D 다음 질문에 알맞은 대답을 고르세요.

1. Can Jason play the drums?
a. Yes, he can't.
b. No, he can't.

2. Should I wait for her?
a. Yes, you should.
b. Yes, you should not.

3. Can you tell me about it?
a. Yes, you can.
b. Yes, I can.

4. May I look at your book?
a. No, you may.
b. No, you may not.

5. Should Andy clean his room?
a. Yes, he should.
b. Yes, he shouldn't.

6. Can I drink some water?
a. No, I can't.
b. Yes, you can.

📖 **C** lunch 점심 | take medicine 약을 먹다 | some 약간의 | after school 방과 후에 | call 전화하다
D drum 북, 드럼 | look at ~을 보다

E 다음 빈칸에 들어갈 말로 알맞은 것은?

1. _____ your eraser?

① May borrow I　　② I borrow may　　③ Borrow I may

④ May I borrow　　⑤ May I borrows

2. _____ to the doctor?

① Should Tom go　　② Should Tom goes　　③ Should go Tom

④ Tom should go　　⑤ Tom go should

3. _____ the box for me?

① Can carry you　　② Carry can you　　③ Can you carry

④ You can carry　　⑤ Carry you can

F 다음 우리말을 영어로 바르게 옮긴 것은?

1. 우리는 내일 수영장에서 수영해도 되나요?

① Can we swim in the pool tomorrow?

② We can swim in the pool tomorrow?

③ Can swim we in the pool tomorrow?

④ Swim we can in the pool tomorrow?

⑤ We swim can in the pool tomorrow?

2. 그 아이들은 이 방 안에서 자야 하니?

① The kids sleep should in this room?

② Sleep should the kids in this room?

③ The kids should sleep in this room?

④ Should the kids sleep in this room?

⑤ Should sleep the kids in this room?

📖📄 **E** eraser 지우개 | borrow 빌리다 | go to the doctor 병원에 가다 | carry 옮기다

Unit 05 be동사의 과거형

Let's Think

우리말	VS.	영어
나는 학생이다. 나는 학생이었다.		I **am** a student. I **was** a student.
우리말은 문장의 뒷부분이 바뀌네.		영어에서는 be동사의 모습이 달라졌네!

 Find the Rule ●

A 다음 문장들의 굵은 글씨를 주의 깊게 살펴보세요. ▶

- I **was** in the library an hour ago.
- We **were** good friends.
- You **were** happy.
- He **was** my teacher last year.
- She **was** so nice to me. **345**
- It **was** very cold yesterday.
- They **were** lucky then.
- The girl **was** in the room.
- The flowers **were** on the table.

B 위 문장들의 굵은 글씨에 대한 설명으로 올바른 것을 <u>모두</u> 찾아 ☐ 안에 ✔ 하세요.

1. 주어에 따라 was 또는 were를 쓴다. ☐
2. We, You, They, 복수 주어 뒤에는 동사 was가 온다. ☐
3. I와 3인칭 단수 주어 뒤에는 동사 was가 온다. ☐
4. an hour ago(1시간 전에), last year(작년), yesterday(어제), then(그때)과 같이 과거를 나타내는 표현과 함께 쓰일 수 있다. ☐

📖 library 도서관 ㅣ ago ~ 전에 ㅣ so 정말, 너무 ㅣ lucky 운이 좋은

Apply **the Rule**

Ⓐ 다음 문장들의 굵은 글씨를 주의 깊게 살펴보고, 앞에서 발견한 규칙이 바르게 적용되었는지 확인해 보세요. ▷

01   I **was** late for school.   `337`

02   I **was** in the supermarket an hour ago.

03   We **was** at home yesterday.

04   You **were** a soccer player before.

05   She **is** my teacher last year.

06   He **were** very busy.   `341`

07   It **was** really hot last week.

08   They **were** students from this school.

09   The cat **was** on the chair.

10   The boys **was** ten years old then.

✏ 세이펜을 각 번호에 대면 정답을 확인할 수 있어요.

Ⓑ 굵은 글씨가 문법상 바르지 <u>않은</u> 문장의 번호를 쓰고 틀린 부분을 바르게 고쳐 보세요.

  ➡   ➡

  ➡   ➡

  ➡   ➡

  ➡   ➡

Make **Your Own**

⭐ 괄호 안의 단어를 활용하여 문장을 완성하세요.

1. 우리는 교실 안에 있었다. (in the classroom)

We   .

2. 그녀는 작년에 12살이었다. (12 years old)

She   last year.

01	I **was** late for school. `337`	나는 학교에 지각했다.
02	I **was** in the supermarket an hour ago.	나는 1시간 전에 슈퍼마켓에 있었다.
03	We **were** at home yesterday.	우리는 어제 집에 있었다.
04	You **were** a soccer player before.	너는 예전에 축구 선수였다.
05	She **was** my teacher last year.	그녀는 작년에 나의 선생님이었다.
06	He **was** very busy. `341`	그는 매우 바빴다.
07	It **was** really hot last week.	지난주는 정말 더웠다.
08	They **were** students from this school.	그들은 이 학교 학생들이었다.
09	The cat **was** on the chair.	그 고양이는 의자 위에 있었다.
10	The boys **were** ten years old then.	그 남자아이들은 그때 10살이었다.

Rule

• **be동사의 과거형:** 과거의 일이나 상태를 나타낼 때 쓰여요. 주어의 인칭과 수에 따라 was 또는 were로 써요. '~이었다', '~했다', '~에 있었다'로 해석해요.

	1인칭	2인칭	3인칭
단수	I **was**	You **were**	He **was** / She **was** / It **was**
복수	We **were**	You **were**	They **were**

*대명사 주어와 be동사 과거형은 줄여 쓰지 않아요.

• **과거를 나타내는 표현들**

last(지난 ~)	**last** night 어젯밤 **last** week 지난주 **last** winter 지난겨울	**last** Monday 지난 월요일 **last** weekend 지난 주말 **last** year 작년
ago(~전에)	an hour **ago** 한 시간 전에 a week **ago** 일주일 전에	a month **ago** 한 달 전에 two years **ago** 2년 전에
기타 표현	yesterday 어제 this morning 오늘 아침	before 전에 then 그때

Exercises

A 다음 빈칸에 알맞은 be동사의 과거형을 쓰세요.

1. You _____ very busy a week ago.

2. He _____ rich 5 years ago.

3. I _____ in the third grade last year.

4. The singer _____ famous then.

5. We _____ in England last summer.

6. They _____ happy with their gifts.

B 다음 ( ) 안에서 알맞은 것을 고르세요.

1. Ben (was / were) my best friend.

2. The gloves (was / were) big.

3. The last math test (was / were) easy.

4. My sister's hair (was / were) very long.

5. The dogs (was / were) in the yard.

6. Jenny (was / were) twelve years old last year.

7. Kate and I (was / were) classmates.

8. The tree (was / were) very small then.

9. My grandparents (was / were) in China last week.

10. My brother (was / were) sick last night.

📖 **A** busy 바쁜 | rich 돈 많은, 부자인 | third grade 3학년 | singer 가수 | famous 유명한 | England 영국
gift 선물　**B** yard 마당 | classmate 반 친구 | China 중국 | sick 아픈

C 다음 문장에서 be동사가 들어갈 위치를 고르고, 빈칸에 알맞은 be동사를 쓰세요.

1. I ① in ② my room ③ at 10 ④ last night. ➡ _____

2. The ① desk ② very ③ dirty ④ a week ago. ➡ _____

3. The ① kids ② in ③ the pool ④ an hour ago. ➡ _____

4. Tom ① and ② Rick ③ so ④ tired yesterday. ➡ _____

5. The ① book ② in ③ my bag ④ five minutes ago. ➡ _____

6. His ① parents ② angry with ③ him ④ last Sunday. ➡ _____

7. The ① teachers ② busy ③ last ④ month. ➡ _____

D 다음 문장을 과거형으로 바꿔 쓰세요.

1. He is happy.

➡ _____

2. The men are actors.

➡ _____

3. The food is very good.

➡ _____

4. The cat is on the roof.

➡ _____

5. The students are so rude.

➡ _____

6. Frank and Jim are at the mall.

➡ _____

📖 **C** dirty 더러운 | pool 수영장 | tired 피곤한, 지친 | minute (시간 단위의) 분 | angry with ~에게 화가 난
D actor 배우 | roof 지붕 | rude 예의 없는 | mall 쇼핑몰

E 다음 밑줄 친 부분을 바르게 고치세요.

1. It <u>were</u> a good movie. ➡
2. Tina <u>were</u> at home two hours ago. ➡
3. Jake and I <u>was</u> lucky yesterday. ➡
4. She <u>were</u> sleepy in the evening. ➡
5. You <u>was</u> late for school this morning. ➡
6. They <u>was</u> sick last weekend. ➡
7. My dad <u>were</u> in Busan last week. ➡
8. We <u>was</u> in the park before noon. ➡

F 다음 우리말과 같은 뜻이 되도록 ( ) 안의 말을 바르게 배열하세요. be동사는 우리말에 알맞게 형태를 바꾸세요.

1. 그 여자아이는 슬펐다. (sad / the girl / be)
   ➡

2. 나는 박물관에 있었다. (in the museum / be / I)
   ➡

3. 그들은 배가 고팠다. (hungry / they / be)
   ➡

4. 그것은 내 잘못이었다. (be / my fault / it)
   ➡

5. 창문이 열려있었다. (open / be / the window)
   ➡

6. 그는 나의 영웅이었다. (be / he / my hero)
   ➡

📖 **E** movie 영화 | lucky 운이 좋은 | sleepy 졸리는 | evening 저녁 | noon 정오

06 be동사 과거형의 부정문과 의문문

Let's Think

우리말	VS.	영어
그는 집에 있었다.		He **was** at home.
그는 집에 없었다.		He **was not** at home.
그는 집에 있었니?		**Was** he at home**?**
우리말은 문장의 뒷부분만 바뀌네.		영어에서는 was 뒤에 not이 오거나 위치가 달라졌네!

Find the Rule

A 다음 문장들의 굵은 글씨를 주의 깊게 살펴보세요.

- I **was not** a quiet student. ◀ I was a quiet student.
- They **were not** hungry. ◀ They were hungry.
- The test **wasn't** easy. ◀ The test was easy.
- Mary and Jason **weren't** in the park.
  ◀ Mary and Jason were in the park.
- **Were you** a fast runner? ◀ You were a fast runner.
- **Was he** a cook? ◀ He was a cook.
- **Were they** in the same class last year?
  ◀ They were in the same class last year.

B 위 문장들의 굵은 글씨에 대한 설명으로 올바른 것을 <u>모두</u> 찾아 ☐ 안에 ✔ 하세요.

1. not은 was나 were 앞에 온다. ☐

2. was not을 줄여서 wasn't로 쓴다. ☐

3. were not을 줄여서 weren't로 쓴다. ☐

4. 물음표로 끝나는 의문문에서는 주어와 was/were의 순서가 바뀐다. ☐

📖 quiet 조용한 | test 시험 | runner 달리기 선수 | cook 요리사 | same 같은 | last year 작년

Apply **the Rule**

A 다음 문장들의 굵은 글씨를 주의 깊게 살펴보고, 앞에서 발견한 규칙이 바르게 적용되었는지 확인해 보세요. ▷

✏️세이펜을 각 번호에 대면 정답을 확인할 수 있어요.

01   I **was not** a quiet student.

02   He **were not** a bad person.

03   We **were not** hungry.

04   The test **was'nt** easy.

05   Her brothers **weren't** in the kitchen.

06   **Were** you a student here?

07   **Was** he a cook?

08   **Were** it true?

09   **Were** the shoes wet?

10   **Was** they in the same class last year?

Welcome to your New class!

B 굵은 글씨가 문법상 바르지 <u>않은</u> 문장의 번호를 쓰고 틀린 부분을 바르게 고쳐 보세요.

	➡		➡	
	➡		➡	
	➡		➡	
	➡		➡	

Make **Your Own**

⭐ 괄호 안의 단어를 활용하여 문장을 완성하세요.

1. 내 여동생은 서점에 없었다. (my sister)

_____ _____ in the bookstore.

2. 그 표들은 비쌌니? (the tickets)

_____ _____ expensive?

01	I **was not** a quiet student.	나는 조용한 학생이 아니었다.
02	He **was not** a bad person.	그는 나쁜 사람이 아니었다.
03	We **were not** hungry.	우리는 배고프지 않았다.
04	The test **wasn't** easy.	그 시험은 쉽지 않았다.
05	Her brothers **weren't** in the kitchen.	그녀의 남동생들은 부엌에 있지 않았다.

Rule 1

- **be동사 과거형의 부정문:** be동사 과거형 바로 뒤에 not을 붙여 '~이 아니었다', '~하지 않았다', '~에 있지 않았다'라고 해석합니다. wasn't, weren't로 줄여 쓸 수 있어요.

주어 ➕ was / were ➕ not

06	**Were you** a student here?	너는 여기 학생이었니?
07	**Was he** a cook?	그는 요리사였니?
08	**Was it** true?	그것은 사실이었니?
09	**Were the shoes** wet?	그 신발은 젖어 있었니?
10	**Were they** in the same class last year?	그들은 작년에 같은 반이었니?

Rule 2

- **be동사 과거형의 의문문:** 주어와 be동사 과거형의 자리를 서로 바꾸고 마지막에 물음표(?)를 넣어 의문문을 만들어요. '~이었니?', '~했니?', '~에 있었니?'라고 해석합니다.

Was Were ➕ 주어 ➕ ~?

- **be동사 과거형 의문문에 대한 대답:** Yes 또는 No로 답해요. 의문문의 주어가 일반명사일 때, 대답은 그 명사를 알맞은 대명사로 바꿔서 해요.

긍정의 대답	부정의 대답
Yes. 주어+**was**.	**No**. 주어+**was not[wasn't]**.
Yes. 주어+**were**.	**No**. 주어+**were not[weren't]**.

Exercises

A 다음 우리말과 일치하는 문장을 고르세요.

1. 너는 학교에 늦지 않았다.
   a. You not were late for school.
   b. You were not late for school.

2. 그는 화장실에 있지 않았다.
   a. He is not in the bathroom.
   b. He was not in the bathroom.

3. 그 남자는 유명하지 않았다.
   a. The man was not famous.
   b. The man weren't famous.

4. 나는 졸리지 않았다.
   a. I was not sleepy.
   b. I were not sleepy.

5. 그것은 그의 잘못이었니?
   a. Is it his fault?
   b. Was it his fault?

6. 너는 아팠니?
   a. Was you sick?
   b. Were you sick?

7. 그녀는 부엌에 있었니?
   a. Was she in the kitchen?
   b. Were she in the kitchen?

8. 그들은 조종사였니?
   a. Were they pilots?
   b. Was they pilots?

B 다음 ( ) 안에서 알맞은 것을 고르세요.

1. She (was not / not was) my sister.

2. Her dad (was / were) not a teacher.

3. My friends (were not / not were) in the park.

4. It (was / were) not my seat.

5. (Was / Were) you sad?

6. (Was / Were) the notebooks on the desk?

7. (Was / Were) he your friend?

📖 **B** seat 자리, 좌석 | notebook 공책

C 다음 질문에 알맞은 대답을 고르세요.

1. Was the food delicious?
a. Yes, it was.
b. Yes, it wasn't.

2. Were you in the classroom?
a. No, I wasn't.
b. No, I weren't.

3. Was your uncle an actor?
a. No, he was.
b. Yes, he was.

4. Were they late for school?
a. No, they weren't.
b. No, they were.

D 다음 우리말과 같은 뜻이 되도록 빈칸에 알맞은 말을 쓰세요.

1. 날씨가 따뜻하지 않았다.
➡ The weather _____ _____ warm.

2. 너는 정직하지 않았다.
➡ You _____ _____ honest.

3. 그것은 거짓말이 아니었다.
➡ It _____ _____ a lie.

4. 그들은 내 친구들이 아니었다.
➡ They _____ _____ my friends.

5. 너는 배고팠니?
➡ _____ _____ hungry?

6. 그는 차 안에 있었니?
➡ _____ _____ in the car?

7. 그 해변은 아름다웠니?
➡ _____ the beach beautiful?

📖 **C** delicious 맛있는 | actor 배우

E 다음 밑줄 친 부분을 바르게 고치세요.

1. The water <u>were</u> not cold. ➡
2. I <u>not was</u> in the living room. ➡
3. Sam <u>wasno't</u> right. ➡
4. They <u>wasn't</u> nurses. ➡
5. Was the <u>rooms</u> clean? ➡
6. <u>Were</u> the bottle on the table? ➡

F 다음 문장을 지시대로 바꿔 쓰세요.

1. The pen was cheap.

   부정문 ➡

   의문문 ➡

2. Those boxes were heavy.

   부정문 ➡

   의문문 ➡

3. My dad was in the bedroom.

   부정문 ➡

   의문문 ➡

4. The boys were brave.

   부정문 ➡

   의문문 ➡

📖 **E** living room 거실 | right 옳은, 맞는 | nurse 간호사 **F** cheap (값이) 싼 | bedroom 침실 | brave 용감한

Unit 07 일반동사의 과거형

Let's Think

우리말	**VS.**	영어
나는 공원에서 걷는다. 나는 공원에서 걸었다.		I **walk** in the park. I **walked** in the park.
우리말은 '~했다'로 과거를 나타내지.		영어에서는 walk 뒤에 -ed가 생겼어!

Find the Rule

A 다음 문장들의 굵은 글씨를 주의 깊게 살펴보세요.

- I **wanted** water. ⬅ I want water.
- You **cleaned** your room. ⬅ You clean your room.
- He **closed** the window. ⬅ He closes the window.
- They **cried**. ⬅ They cry.
- We **played** soccer yesterday. ⬅ We play soccer.
- He **dropped** his glasses. ⬅ He drops his glasses.
- She **went** to her class. ⬅ She goes to her class.
- I **put** it in the box. 357 ⬅ I put it in the box.

B 위 문장들의 굵은 글씨에 대한 설명으로 올바른 것을 <u>모두</u> 찾아 ☐ 안에 ✔ 하세요.

1. want, clean, play 뒤에 -ed가 붙는다. ☐

2. -e로 끝나는 동사는 뒤에 -d가 붙는다. ☐

3. 「자음+-y」로 끝나는 동사는 y가 i로 변하고 뒤에 -ed가 붙는다. ☐

4. drop은 뒤에 -ed가 붙는다. ☐

5. go는 goed로 바뀐다. ☐

6. put은 모양이 변하지 않는다. ☐

7. 3인칭 단수 주어일 때 동사 뒤에 -s나 -es가 붙지 않는다. ☐

📖 want 원하다 | clean 청소하다 | drop 떨어뜨리다

Apply **the Rule**

Ⓐ 다음 문장들의 굵은 글씨를 주의 깊게 살펴보고, 앞에서 발견한 규칙이 바르게 적용되었는지 확인해 보세요.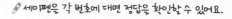

01	I **opened** the door.
02	She **wantd** water.
03	We **likeed** the movie.
04	My grandfather **smiled**.
05	I **studyed** hard.
06	They **played** soccer yesterday.
07	He **dropped** his glasses.
08	The train **stopped** at the station.
09	I **went** to the bathroom. 349
10	I **putted** it on the desk. 364

✐ 세이펜을 각 번호에 대면 정답을 확인할 수 있어요.

Ⓑ 굵은 글씨가 문법상 바르지 <u>않은</u> 문장의 번호를 쓰고 틀린 부분을 바르게 고쳐 보세요.

	⇒		⇒	
	⇒		⇒	
	⇒		⇒	
	⇒		⇒	

Make **Your Own**

⭐ 괄호 안의 단어를 활용하여 문장을 완성하세요.

1. 그들은 음악에 맞춰 춤을 췄다. (dance)

They   to the music.

2. 그는 손을 씻었다. (wash)

He   his hands.

01	I **opened** the door.		나는 문을 열었다.
02	She **wanted** water.		그녀는 물을 원했다.
03	We **liked** the movie.		우리는 그 영화를 좋아했다.
04	My grandfather **smiled**.		나의 할아버지는 미소 지으셨다.
05	I **studied** hard.		나는 열심히 공부했다.
06	They **played** soccer yesterday.		그들은 어제 축구를 했다.
07	He **dropped** his glasses.		그는 안경을 떨어뜨렸다.
08	The train **stopped** at the station.		그 기차는 역에서 멈췄다.

Rule 1

- 일반동사 과거형: 과거의 행동이나 상태를 나타내며 '~했다'로 해석해요.
- 일반동사 과거형 규칙 변화

대부분의 동사	동사원형+-**ed**	open**ed**, want**ed**, watch**ed**
-e로 끝나는 동사	동사원형+-**d**	like**d**, smile**d**, live**d**
「자음+-y」로 끝나는 동사	-y → -**ied**	stud**ied**, tr**ied**, cr**ied**
「모음+-y」로 끝나는 동사	-y+-**ed**	play**ed**, enjoy**ed**, stay**ed**
「단모음+단자음」으로 끝나는 동사	마지막 자음을 한 번 더 쓰고 +-**ed**	drop**ped**, stop**ped**, plan**ned** (*예외 visited)

09	I **went** to the bathroom. `349`		나는 화장실에 갔다.
10	I **put** it on the desk. `364`		나는 그것을 책상 위에 놓았다.

Rule 2

- 일반동사 과거형 불규칙 변화

불규칙하게 변하는 동사	go-**went**, have-**had**, eat-**ate**, do-**did**, come-**came**, give-**gave**, make-**made**, break-**broke**, write-**wrote**, get-**got**, begin-**began**, drink-**drank**, sing-**sang**, sit-**sat**, meet-**met**, say-**said**, see-**saw**, keep-**kept**, sleep-**slept**, tell-**told**, take-**took**, buy-**bought**, think-**thought**, teach-**taught**
현재형과 과거형이 같은 동사	cut-**cut**, put-**put**, hit-**hit**, read[ri:d]-**read**[red]

Exercises

A 다음 동사의 과거형을 쓰세요.

1.	try	➡	**11.**	live	➡
2.	save	➡	**12.**	start	➡
3.	carry	➡	**13.**	plan	➡
4.	clean	➡	**14.**	walk	➡
5.	open	➡	**15.**	love	➡
6.	move	➡	**16.**	have	➡
7.	enjoy	➡	**17.**	go	➡
8.	stop	➡	**18.**	sit	➡
9.	call	➡	**19.**	do	➡
10.	listen	➡	**20.**	put	➡

B 다음 ( ) 안의 동사를 과거형으로 바꿔 쓰세요.

1. He _____ some milk. (drink)

2. We _____ with him. (talk)

3. He _____ the movie. (like)

4. Rick _____ in the garden. (play)

5. She _____ her mother. (help)

6. Ben _____ an apple. (eat)

7. They _____ some cookies. (bake)

📖 **A** try 노력하다 | save 구하다; 저축하다 | carry 나르다 | enjoy 즐기다 | plan 계획하다 **B** garden 정원

C 다음 밑줄 친 동사를 과거형으로 바꿔 쓰세요.

1. I <u>visit</u> my grandparents.　➡

2. She <u>finishes</u> her homework.　➡

3. I <u>have</u> a great time.　➡

4. Andrew <u>watches</u> TV.　➡

5. Laura <u>comes</u> home at six o'clock.　➡

6. They <u>ask</u> many questions.　➡

D 다음 문장을 읽고, 해석이 바른 것을 고르세요.

1. I wrote a letter to him.

   a. 나는 그에게 편지를 쓴다.

   b. 나는 그에게 편지를 썼다.

2. She drinks orange juice.

   a. 그녀는 오렌지 주스를 마신다.

   b. 그녀는 오렌지 주스를 마셨다.

3. He listened to the radio.

   a. 그는 라디오를 듣는다.

   b. 그는 라디오를 들었다.

4. The boys play computer games.

   a. 그 남자아이들은 컴퓨터 게임을 한다.

   b. 그 남자아이들은 컴퓨터 게임을 했다.

5. He put his bag on the chair.

   a. 그는 의자 위에 가방을 놓았다.

   b. 그는 의자 위에 가방을 놓는다.

📖 **C** visit 방문하다 ｜ finish 끝내다, 마치다

E 다음 우리말과 같은 뜻이 되도록 〈보기〉의 단어를 이용하여 문장을 완성하세요.

〈보기〉 read   meet   wait   move   see   play

1. 나는 어제 영화를 봤다.
➡ I _____ a movie yesterday.

2. 나는 작년에 저 책을 읽었다.
➡ I _____ that book last year.

3. 우리는 함께 테니스를 쳤다.
➡ We _____ tennis together.

4. 그들은 밖에서 기다렸다.
➡ They _____ outside.

5. 그는 도시로 이사했다.
➡ He _____ to the city.

6. 나는 어제 내 친구를 만났다.
➡ I _____ my friend yesterday.

F 다음 문장 중 바르지 <u>않은</u> 것은?

① I cleaned my room.
② She cut the paper.
③ They taked a bus yesterday.
④ He fixed the car last Sunday.
⑤ We enjoyed the food there.

📖 **F** cut 자르다 | paper 종이 | fix 고치다

Unit 08 일반동사 과거형의 부정문과 의문문

Let's Think

우리말	**VS.**	영어

우리말

너는 음악을 들었다.
너는 음악을 듣지 않았다.
너는 음악을 들었니?

우리말은 문장의
뒷부분만 바뀌네.

영어

You **listened** to music.
You **did not listen** to music.
Did you listen to music?

영어는 뭔가 많이
바뀌었네?

Find the Rule

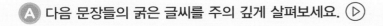

Ⓐ 다음 문장들의 굵은 글씨를 주의 깊게 살펴보세요. ▷

- I **did not go** home. ◀ I went home.
- You **did not talk** to him. ◀ You talked to him.
- We **didn't enjoy** it. ◀ We enjoyed it.
- He **didn't watch** TV. ◀ He watched TV.
- **Did you finish** your homework?
  ◀ You finished your homework.
- **Did he stop** the car? ◀ He stopped the car.
- **Did the girl look** at the picture?
  ◀ The girl looked at the picture.
- **Did they eat** dinner? ◀ They ate dinner.

Ⓑ 위 문장들의 굵은 글씨에 대한 설명으로 올바른 것을 <u>모두</u> 찾아 ☐ 안에 ✔ 하세요.

1. 주어나 동사에 상관없이 모두 did가 쓰였다. ☐
2. not은 did 뒤에 와서 did not 또는 didn't로 쓰인다. ☐
3. 「did not[didn't]+동사원형」은 과거에 '～하지 않았다'라는 의미를 나타낸다. ☐
4. 주어가 3인칭 단수일 때, did 뒤에 오는 동사에 －s나 －es가 붙는다. ☐
5. 의문문은 「Did+주어+동사원형 ～?」의 순서이다. ☐

📖 enjoy 즐기다 | finish 끝내다 | stop 멈추다 | picture 사진, 그림 | eat 먹다 | dinner 저녁 식사

Apply **the Rule**

A 다음 문장들의 굵은 글씨를 주의 깊게 살펴보고, 앞에서 발견한 규칙이 바르게 적용되었는지 확인해 보세요.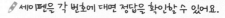

---

01   I **did not bring** an umbrella. 〔370〕

세이펜을 각 번호에 대면 정답을 확인할 수 있어요.

02   You **did not closed** the window.

03   We **didn't walk** home.

04   He **didn't carry** those boxes.

05   Jane and her sister **did'not watch** TV.

06   **Did you finish** your homework? 〔377〕

07   **Did you ask** the teacher?

08   **Did he helps** his dad?

09   **The girl did read** the book?

10   **Did they break** the window?

B 굵은 글씨가 문법상 바르지 <u>않은</u> 문장의 번호를 쓰고 틀린 부분을 바르게 고쳐 보세요.

	➡		➡	
	➡		➡	
	➡		➡	
	➡		➡	

Make **Your Own**

★ 괄호 안의 단어를 활용하여 문장을 완성하세요.

1. 우리는 싸우지 않았다. (fight)

     _____   _____   _____ .

2. 그는 집에 갔니? (go)

     _____   _____   home?

01	I **did not bring** an umbrella. **370**	나는 우산을 가져오지 않았다.
02	You **did not close** the window.	너는 창문을 닫지 않았다.
03	We **didn't walk** home.	우리는 집에 걸어가지 않았다.
04	He **didn't carry** those boxes.	그는 저 상자들을 나르지 않았다.
05	Jane and her sister **didn't watch** TV.	제인과 여동생은 TV를 보지 않았다.

Rule 1

• **일반동사 과거형의 부정문:** do/does의 과거형 did의 도움을 받아요. did not(줄임말: didn't)을 일반동사의 원형 앞에 쓰고, '~하지 않았다'로 해석합니다.

주어 **+** **did not [didn't]** **+** 동사원형

06	**Did you finish** your homework? **377**	너는 숙제를 끝냈니?
07	**Did you ask** the teacher?	너는 선생님께 여쭤봤니?
08	**Did he help** his dad?	그는 아빠를 도와드렸니?
09	**Did the girl read** the book?	그 여자아이는 그 책을 읽었니?
10	**Did they break** the window?	그들이 창문을 깼니?

Rule 2

• **일반동사 과거형의 의문문:** Did로 시작하고 주어 뒤에는 항상 동사원형이 와요. '~했니?'로 해석합니다.

Did **+** 주어 **+** 동사원형 ~?

• **일반동사 과거형의 의문문에 대한 대답:** Yes 또는 No로 답해요. 의문문의 주어가 일반명사일 때는 알맞은 대명사로 바꿔서 대답합니다.

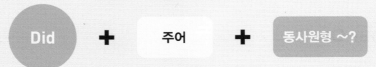

긍정의 대답	부정의 대답
Yes, 주어+**did**.	**No**, 주어+**did not[didn't]**.

Exercises

A 다음 ( ) 안에서 알맞은 것을 고르세요.

1. I (didn't / don't) eat dinner yesterday.

2. She didn't (sleeps / sleep) well last night.

3. They (didn't / don't) go to the store last week.

4. Did you (used / use) my pen?

5. (Did they / They did) meet at the bus stop?

6. Did Tom (bought / buy) these flowers?

7. (Does / Did) Lucy go to China last year?

B 다음 문장을 부정문으로 바꿔 쓰세요.

1. They played games.

   ➡

2. She got up early.

   ➡

3. I enjoyed the show yesterday.

   ➡

4. My mother saw the blue car.

   ➡

5. He cooked dinner for his family.

   ➡

📖 **A** well 잘 | store 상점, 가게 | use 사용하다 | bus stop 버스 정류장 | China 중국   **B** show 쇼

C 다음 문장을 의문문으로 바꿔 쓰세요.

1. Sam entered the building.

➡

2. You studied English very hard.

➡

3. Jay opened the door.

➡

4. Your parents went to the market.

➡

5. She visited her grandmother last weekend.

➡

D 다음 밑줄 친 부분을 바르게 고치세요.

1. We didn't <u>went</u> to the library.   ➡

2. The doctor did not <u>had</u> breakfast.   ➡

3. They did <u>do not</u> homework.   ➡

4. You didn't <u>talked</u> to the teacher.   ➡

5. I <u>not did</u> exercise in the park yesterday.   ➡

6. Did Ann <u>brings</u> her pencil?   ➡

7. Did Brent <u>putted</u> it in the box?   ➡

C enter 들어가다 | building 건물 | hard 열심히 | market 시장 | weekend 주말   **D** exercise 운동하다

E 주어진 말을 이용하여 우리말에 맞게 영작하세요.

1. 너는 거기에 가지 않았다. (go, there)
➡

2. 우리는 창문을 닦지 않았다. (clean, the window)
➡

3. 그녀는 쿠키들을 원했니? (the cookies, want)
➡

4. 그들은 그 노래를 연습하지 않았다. (the song, practice)
➡

5. Hans가 이 인형을 샀니? (buy, this doll)
➡

F 다음 빈칸에 들어갈 말로 알맞은 것은?

1. _____ fun yesterday.

① He didn't had   ② He doesn't have   ③ He doesn't had
④ He don't have   ⑤ He didn't have

2. _____ a letter to her.

① He did not write   ② He do not write   ③ He is not write
④ He was not write   ⑤ He did not writes

3. _____ the violin at the concert?

① Did Jake played   ② Was Jake play   ③ Did Jake plays
④ Did Jake play   ⑤ Is Jake played

📖 **F** have fun 재미있게 놀다 | letter 편지 | concert 연주회, 콘서트

Unit 09 미래표현

Let's Think

우리말	VS.	영어
나는 집에 걸어간다. 나는 집에 걸어갈 것이다.		I **walk** home. I **will walk** home. I **am going to walk** home.

우리말은 '~할 것이다'로
미래를 나타내지.

영어에서는 동사 walk 앞에
무언가 생겼어!

 Find the Rule

A 다음 문장들의 굵은 글씨를 주의 깊게 살펴보세요. ▷

- I **will be** there soon. `384` ◀ I am there.
- We **will wait** for you. `385` ◀ We wait for you.
- He **will come** later. `396` ◀ He comes later.
- They**'ll have** dinner together. ◀ They have dinner together.
- I **am going to meet** my friends. `430` ◀ I meet my friends.
- We **are going to help** her. ◀ We help her.
- You **are going to be** fine. ◀ You are fine.
- She**'s going to eat** the cake. ◀ She eats the cake.
- They **are going to sing** for her tomorrow.
  ◀ They sing for her.

B 위 문장들의 굵은 글씨에 대한 설명으로 올바른 것을 <u>모두</u> 찾아 ☐ 안에 ✔ 하세요.

1. will과 be going to 뒤에 동사원형이 온다. ☐
2. will은 주어가 3인칭 단수인 경우 -s가 붙는다. ☐
3. will은 인칭대명사 주어와 함께 줄여서 쓸 수 없다. ☐
4. be going to의 be동사는 주어에 따라 am, are, is로 달라진다. ☐
5. be going to의 be동사는 인칭대명사 주어와 함께 줄여서 쓸 수 있다. ☐
6. soon, later, tomorrow는 will이나 be going to와 함께 쓰일 수 있다. ☐

📖 soon 곧 | later 나중에 | together 함께 | tomorrow 내일

Apply **the Rule**

A 다음 문장들의 굵은 글씨를 주의 깊게 살펴보고, 앞에서 발견한 규칙이 바르게 적용되었는지 확인해 보세요. ▷

01 I **will take** this one. `386`

02 Your friends **will help** you.

03 She **will waits** for us. `400`

04 It **wills be** sunny tomorrow.

05 My parents **will come** back soon.

06 I **am going to play** outside. `429`

07 My sister **is going to studies** at home.

08 You **are going to be** fine.

09 They **are going to travel** next week.

10 The girls **is going to buy** a gift.

✏️ *세이펜을 각 번호에 대면 정답을 확인할 수 있어요.*

B 굵은 글씨가 문법상 바르지 <u>않은</u> 문장의 번호를 쓰고 틀린 부분을 바르게 고쳐 보세요.

	➡		➡	
	➡		➡	
	➡		➡	
	➡		➡	

Make **Your Own**

⭐ 괄호 안의 단어를 활용하여 문장을 완성하세요.

1. 우리는 나중에 숙제를 할 것이다. (do, will)

We _____ _____ homework later.

2. 그는 학교에 갈 것이다. (be going to, go)

He _____ _____ to school.

01	I **will take** this one. `386`	나는 이것을 가져갈 것이다.
02	Your friends **will help** you.	너의 친구들은 너를 도울 것이다.
03	She **will wait** for us. `400`	그녀는 우리를 기다릴 것이다.
04	It **will be** sunny tomorrow.	내일은 맑을 것이다.
05	My parents **will come** back soon.	우리 부모님은 곧 돌아오실 것이다.

Rule 1
- will: '～할 것이다'라는 뜻으로 앞으로 일어날 일에 대한 예측이나 미래의 계획을 말할 때 사용해요. 인칭대명사 주어와 will을 줄여서 I'll, You'll, He'll, They'll, We'll 등으로 쓸 수 있어요.

주어 **+** will **+** 동사원형

06	I **am going to play** outside. `429`	나는 밖에서 놀 것이다.
07	My sister **is going to study** at home.	내 여동생은 집에서 공부할 예정이다.
08	You **are going to be** fine.	너는 괜찮아질 것이다.
09	They **are going to travel** next week.	그들은 다음 주에 여행을 갈 예정이다.
10	The girls **are going to buy** a gift.	그 여자아이들은 선물을 살 것이다.

Rule 2
- be going to: '～할 것이다', '～할 예정이다'라는 뜻으로 예정된 미래를 나타낼 때 사용해요. 주어의 인칭과 수에 따라서 be동사는 달라지고, 인칭대명사 주어와 be동사를 줄여서 쓸 수 있어요.

주어 **+** be going to **+** 동사원형

- **미래를 나타내는 표현:** 아래 표현들은 문장에서 미래를 나타내요.

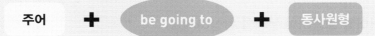

| soon 곧 | later 나중에 | tonight 오늘 밤 | tomorrow 내일 |
| next week 다음 주 | next month 다음 달 | | next year 내년 |

Exercises

A 다음 ( ) 안에서 알맞은 것을 고르세요.

1. I (is / am) going to exercise tomorrow.

2. She will (buy / buys) some pencils.

3. You (are / will) win this match!

4. They will (be / are) home by 6:30 p.m.

5. He will (pass / passes) the exam.

6. John (are / is) going to read this book.

7. He is going to (call / calls) his grandmother.

8. Sophie and Nick (is / are) going to meet their friends tonight.

9. Jenny will (travel / travels) to Busan next month.

10. We are going to (wait / waits) for you.

B 다음 빈칸에 들어갈 말로 알맞은 것은?

1. My dad _____ a soccer match.

   ① wills watch   ② will watches   ③ will watch
   ④ be going to watch ⑤ is going to watching

2. Jenny and I _____ a bus.

   ① are going to take   ② am going to take   ③ is going to take
   ④ will takes   ⑤ will taking

3. Jake _____ here soon.

   ① will is   ② wills be   ③ be going to be
   ④ will be   ⑤ will be going to

📖 **A** exercise 운동하다 | win 이기다 | match 경기, 시합 | by ~까지는 | pass 통과하다 | exam 시험
travel 여행하다

C 다음 밑줄 친 부분을 바르게 고치세요.

1. My sister <u>be</u> going to go to bed. ➡

2. She is going to <u>visits</u> her aunt next week. ➡

3. He will <u>carries</u> your bag for you. ➡

4. Henry is <u>go</u> to ride a bike. ➡

5. Mary is going to <u>learns</u> Chinese. ➡

6. I'll <u>doing</u> it tomorrow. ➡

7. My brother is going to <u>gets</u> a haircut. ➡

D 다음 우리말과 같은 뜻이 되도록 ( ) 안에 주어진 말을 이용하여 문장을 완성하세요.

1. 나는 나중에 그를 만날 것이다. (meet)

   ➡ I _____ _____ him later.

2. 내 친구들이 여기에 올 것이다. (come)

   ➡ My friends _____ _____ _____ here.

3. 그녀는 방을 청소할 것이다. (clean)

   ➡ She _____ _____ _____ _____ her room.

4. 엄마는 우리에게 피자를 만들어 주실 것이다. (make)

   ➡ My mom _____ _____ pizza for us.

5. 우리는 게임을 할 것이다. (play)

   ➡ We _____ _____ _____ _____ games.

📖 **C** carry 옮기다 | learn 배우다 | Chinese 중국어 | get a haircut 머리를 자르다

E 다음 문장을 ( ) 안에 주어진 말을 이용하여 미래표현으로 바꿔 쓰세요.

1. Ben studies math. (will)

   ➡ _____ math.

2. It is cloudy. (be going to)

   ➡ _____ cloudy.

3. Kate arrives at five. (will)

   ➡ _____ at five.

4. You like my gift. (will)

   ➡ _____ my gift.

5. John wears that jacket. (be going to)

   ➡ _____ that jacket.

6. We cook dinner together. (will)

   ➡ _____ dinner together.

7. I buy a bag. (be going to)

   ➡ _____ a bag.

8. Jim goes to the bookstore. (will)

   ➡ _____ to the bookstore.

9. The teachers are busy. (be going to)

   ➡ _____ busy.

10. She is in the third grade. (be going to)

    ➡ _____ in the third grade.

📖 **E** cloudy 흐린 | arrive 도착하다 | bookstore 서점 | third grade 3학년

Unit 10 미래표현의 부정문과 의문문

Let's Think

우리말	**VS.**	영어

너는 TV를 보지 않을 것이다.
너는 TV를 볼 거니?

You **will not watch** TV.
Will you watch TV?

우리말은 문장의
뒷부분만 바뀌네.

영어에서도 뭔가 바뀌네!

 Find the Rule

A 다음 문장들의 굵은 글씨를 주의 깊게 살펴보세요.

- I **will not go** with you. ⬅ I will go with you.
- He **won't meet** his friends. ⬅ He will meet his friends.
- I**'m not going to eat** the pizza. ⬅ I am going to eat the pizza.
- They **are not going to lose** this game.
  ⬅ They are going to lose this game.
- **Will you come** back soon? `423`
  ⬅ You will come back soon.
- **Are you going to tell** your mom? `451`
  ⬅ You are going to tell your mom.
- **Is she going to be** 13 years old next year?
  ⬅ She is going to be 13 years old next year.

B 위 문장들의 굵은 글씨에 대한 설명으로 올바른 것을 <u>모두</u> 찾아 ☐ 안에 ✔ 하세요.

1. not은 will과 be동사 뒤에 온다. ☐
2. will not을 won't로 줄여 쓸 수 있다. ☐
3. 부정문에서 be동사는 대명사 주어와 줄여서 쓰지 않는다. ☐
4. 의문문에서는 will과 주어의 자리가 바뀐다. ☐
5. 의문문에서는 be동사와 주어의 자리가 바뀐다. ☐

📖 lose (시합에서) 지다 | soon 곧

Apply **the Rule**

Ⓐ 다음 문장들의 굵은 글씨를 주의 깊게 살펴보고, 앞에서 발견한 규칙이 바르게 적용되었는지 확인해 보세요. ▷

✎ 세이펜은 각 번호에 대면 정답을 확인할 수 있어요.

01	I **will not do** it again.	404
02	We **willn't be** late for school.	
03	I **am not going to join** his team.	
04	He**'s not going to lie**.	
05	They **not are going to go** out.	
06	**Will you come** back soon?	423
07	**Will it snows** tomorrow?	
08	**Are you going to sit** here?	447
09	**Is Jake going to buy** new shoes?	
10	**Are they going to is** 13 years old next year?	

Ⓑ 굵은 글씨가 문법상 바르지 <u>않은</u> 문장의 번호를 쓰고 틀린 부분을 바르게 고쳐 보세요.

	➡	➡
	➡	➡
	➡	➡
	➡	➡

Make **Your Own**

⭐ 괄호 안의 단어를 활용하여 문장을 완성하세요.

1. 우리는 그 버스를 타지 않을 것이다. (will, take)

We _____ _____ the bus.

2. 그들은 박물관을 방문할 예정이니? (be, going, to, visit)

____ ____ ____ ____ ____ the museum?

01	I **will not do** it again. `404`	나는 다시는 그것을 하지 않을 것이다.
02	We **won't be** late for school.	우리는 학교에 지각하지 않을 것이다.
03	I **am not going to join** his team.	나는 그의 팀에 합류하지 않을 것이다.
04	He**'s not going to lie**.	그는 거짓말하지 않을 것이다.
05	They **are not going to go** out.	그들은 나가지 않을 것이다.

Rule 1

- **미래표현의 부정문:** '~하지 않을 것이다'로 해석해요. will not은 줄여서 won't로 쓸 수 있고, be going to의 be동사는 you're not going to/you aren't going to와 같이 대명사 주어 또는 not과 줄여 쓸 수 있어요.

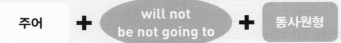

주어 **+** will not / be not going to **+** 동사원형

06	**Will you come** back soon? `423`	너는 곧 돌아올 거니?
07	**Will it snow** tomorrow?	내일 눈이 내릴까?
08	**Are you going to sit** here? `447`	너는 여기에 앉을 거니?
09	**Is Jake going to buy** new shoes?	제이크는 새 신발을 살 예정이니?
10	**Are they going to be** 13 years old next year?	그들은 내년에 13살이 되니?

Rule 2

- **미래표현의 의문문:** 미래에 어떤 일을 할 건지, 어떤 일이 일어날 것인지 물을 때 사용해요. '~할 거니?', '~일까?' 또는 '~할 예정이니?'로 해석해요.

의문문	대답
Will+주어+동사원형 ~?	Yes, 주어+will. No, 주어+will not[won't].
Be동사+주어+**going to**+동사원형 ~?	Yes, 주어+be동사. No, 주어+be동사+not.

Exercises

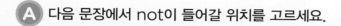

A 다음 문장에서 not이 들어갈 위치를 고르세요.

1. She ① is ② going ③ to ④ drink coffee.

2. Maybe ① Tim ② will ③ tell ④ the teacher.

3. Paul ① is ② going ③ to ④ meet her.

4. I ① will ② swim ③ in ④ this lake.

5. This ① winter ② will ③ be ④ so cold.

6. My brother ① and ② I ③ will ④ play games after dinner.

7. The boys and the girls ① are ② going to ③ be ④ hungry.

B 다음 문장을 ( ) 안의 지시대로 바꿔 쓰세요.

1. He will be late again. (부정문)

   ➡

2. The baby will eat this soup. (의문문)

   ➡

3. Jane is going to help you. (의문문)

   ➡

4. They are going to watch that movie. (부정문)

   ➡

5. The boy will catch the ball. (부정문)

   ➡

📖 **A** maybe 어쩌면, 아마 | lake 호수 **B** soup 수프 | catch 잡다

C 다음 ( ) 안에서 알맞은 것을 고르세요.

1. I (won't / not will) close the window.

2. (Will / Is) she going to come with us?

3. Will they (join / going to join) the red team?

4. Is she going to (is / be) okay soon?

5. The teacher (will not / is not going) to give us homework.

6. We (will not / are not going) visit the museum today.

7. (Will / Is) she going to invite many friends?

D 다음 두 문장의 뜻이 같도록 빈칸에 알맞은 말을 쓰세요.

1. Kate will not be here.

   ➡ Kate _____ _____ _____ _____ _____ here.

2. Will you buy those flowers?

   ➡ _____ _____ _____ _____ _____ those flowers?

3. I won't wear that T-shirt.

   ➡ I _____ _____ _____ _____ _____ that T-shirt.

4. Will they use the computers?

   ➡ _____ _____ _____ _____ _____ the computers?

5. We won't worry about it.

   ➡ We _____ _____ _____ _____ _____ about it.

📖 **C** join 함께하다[합류하다] | okay 괜찮은 | museum 박물관 | invite 초대하다 **D** wake up 일어나다
use 사용하다 | worry about ~에 대해 걱정하다

E 다음 밑줄 친 부분을 바르게 고치세요.

1. Will our team <u>wins</u> the match? ➡

2. Is Rebecca going to <u>reads</u> comic books? ➡

3. <u>Is</u> Laura and Tony going to listen to music? ➡

4. They will not <u>to sit</u> on the floor. ➡

5. We <u>willn't</u> tell anyone about it. ➡

6. He is not going to <u>comes</u> home early. ➡

7. I <u>will</u> not going to leave here yet. ➡

F 다음 ( ) 안의 단어를 바르게 배열하여 부정문 또는 의문문을 완성하세요.

1. (you / come / will)

   ➡ _____ with us?

2. (ride / going to / am / I / not)

   ➡ _____ a bike.

3. (she / is / take / going to)

   ➡ _____ photos?

4. (get / will / Jenny)

   ➡ _____ a present?

5. (are / going to / we / arrive)

   ➡ _____ soon?

📖 **E** match 경기, 시합 | comic book 만화책 | floor 바닥 | anyone 아무도 | early 일찍 | yet 아직
F take a photo 사진을 찍다 | present 선물 | arrive 도착하다

Unit 11 현재진행형

Let's Think

우리말	**VS.**	영어
그녀는 집에 간다. 그녀는 집에 가고 있다.		She **goes** home. She **is going** home.

우리말은 '~하고 있다'라고 하지.

영어에서도 뭔가 바뀌네!

 Find the Rule

Ⓐ 다음 문장들의 굵은 글씨를 주의 깊게 살펴보세요. ▷

- I **am going** to school.　467　◀ I go to school.
- You **are wearing** a blue shirt.　475　◀ You wear a blue shirt.
- My mom **is making** cookies.　◀ My mom makes cookies.
- We**'re not sitting** on the sofa.　◀ We're sitting on the sofa.
- Ben **is not coming** here.　◀ Ben is coming here.
- **Is it raining?**　◀ It is raining.
- **Are they waiting** for someone?
  ◀ They are waiting for someone.

Ⓑ 위 문장들의 굵은 글씨에 대한 설명으로 올바른 것을 <u>모두</u> 찾아 ☐ 안에 ✔ 하세요.

1. be동사 뒤에 「동사원형＋-ing」 형태가 온다. ☐
2. 주어에 따라 be동사가 am, are, is로 변한다. ☐
3. 동사 go, wear, rain, wait 뒤에 -ing가 붙는다. ☐
4. -e로 끝나는 동사 make와 come은 e를 빼고 -ing를 붙인다. ☐
5. 동사 sit은 siting으로 바뀌었다. ☐
6. not은 be동사와 「동사원형＋-ing」 사이에 온다. ☐
7. 물음표로 끝나는 의문문은 be동사가 주어 앞에 온다. ☐

📖 sofa 소파 | rain 비가 오다 | wait for ~을 기다리다 | someone 누군가

Apply **the Rule**

A 다음 문장들의 굵은 글씨를 주의 깊게 살펴보고, 앞에서 발견한 규칙이 바르게 적용되었는지 확인해 보세요. ▶

01   I **be going** to school. 467

02   He **is eating** lunch. 474

03   It**'s raining** now.

04   They**'re studying** together.

05   You **are using not** the computer.

06   We **are not siting** by the window.

07   He**'s not lying**.

08   **Are you cleaning** your room?

09   **She is coming** home?

10   **Are they swimming** in the pool?

세이펜을 각 번호에 대면 정답을 확인할 수 있어요.

B 굵은 글씨가 문법상 바르지 <u>않은</u> 문장의 번호를 쓰고 틀린 부분을 바르게 고쳐 보세요.

	➡		➡	
	➡		➡	
	➡		➡	
	➡		➡	

Make **Your Own**

⭐ 괄호 안의 단어를 활용하여 문장을 완성하세요.

1. 우리는 TV를 보고 있다. (watch, TV)

We _____ _____ _____ .

2. 그녀는 미소 짓고 있지 않다. (smile)

She _____ _____ _____ .

01	I **am going** to school. `467`	나는 학교에 가고 있다.
02	He **is eating** lunch. `474`	그는 점심을 먹고 있다.
03	It**'s raining** now.	지금 비가 오고 있다.
04	They**'re studying** together.	그들은 함께 공부하고 있다.

Rule 1

• **현재진행형:** 지금 진행 중인 동작이나 상태에 대해 말할 때 사용해요. 「be동사 + 동사원형 + -ing」의 형태로, '~하고 있다', '~하는 중이다'라고 해석합니다.

대부분의 동사	동사원형+-**ing**	read**ing**, eat**ing**, tell**ing**
-e로 끝나는 동사	e를 빼고+-**ing**	mak**ing**, com**ing**, giv**ing**
「단모음+단자음」으로 끝나는 동사	마지막 자음을 한 번 더 쓰고+-**ing**	sit**ting**, swim**ming**, run**ning**, cut**ting**
-ie로 끝나는 동사	-ie → -**ying**	d**ying**, l**ying**

*love, like, want, need와 같은 동사들은 진행형으로 쓰지 않아요.

05	You **are not using** the computer.	너는 컴퓨터를 사용하고 있지 않다.
06	We **are not sitting** by the window.	우리는 창가에 앉아 있지 않다.
07	He**'s not lying**.	그는 거짓말하고 있지 않다.
08	**Are you cleaning** your room?	너는 너의 방을 청소하고 있니?
09	**Is she coming** home?	그녀는 집에 오는 중이니?
10	**Are they swimming** in the pool?	그들은 수영장에서 수영하는 중이니?

Rule 2

• **현재진행형의 부정문과 의문문**

부정문	주어+be동사+**not**+동사원형+-ing ~.
의문문	**Be동사**+주어+동사원형+-ing ~?

• **현재진행형 의문문에 대한 대답:** 긍정이면 「Yes, 주어 + be동사.」로, 부정이면 「No, 주어 + be동사 + not.」으로 대답해요.

Exercises

A 다음 동사의 –ing 형태로 알맞은 것을 고르세요.

1.	eat	① eating	② eatting
2.	die	① dieing	② dying
3.	take	① taking	② takeing
4.	buy	① buying	② buyying
5.	lie	① lieing	② lying
6.	write	① writting	② writing
7.	get	① getting	② geting
8.	stop	① stoping	② stopping
9.	sing	① singing	② singeing
10.	wash	① washing	② washhing

B 다음 우리말과 같은 뜻이 되도록 ( ) 안의 단어를 이용하여 빈칸에 알맞은 말을 쓰세요.

1. 나는 테이블을 닦고 있다. (clean)

➡ I _____ _____ the table.

2. 너는 컴퓨터 게임을 하고 있다. (play)

➡ You _____ _____ a computer game.

3. 그들은 지도를 보고 있다. (look)

➡ They _____ _____ at a map.

4. 그녀는 녹색 스웨터를 입고 있다. (wear)

➡ She _____ _____ a green sweater.

📖 **A** die 죽다 | take 가지고 가다 | lie 거짓말하다 | write 쓰다 | wash 씻다

다음 ( ) 안에서 알맞은 것을 고르세요.

1. My mom (is not / not is) cooking in the kitchen.

2. I'm (drinking not / not drinking) orange juice.

3. Are (you drawing / you draw) a picture?

4. Is it (snow / snowing) now?

5. The baby (is not crying / not is crying).

6. (Is she putting / Is putting she) apples in the basket?

7. She's (not studying / not studieing) for a test.

D 주어진 말을 이용하여 우리말에 맞게 영작하세요.

1. Mike는 책상을 옮기고 있다. (move, the desk)

   ➡ Mike _____.

2. 그녀는 거울을 보고 있니? (she, look)

   ➡ _____ in the mirror?

3. 나는 지금 양파를 자르고 있다. (cut, onions)

   ➡ I _____ now.

4. 고양이가 장난감을 가지고 놀고 있니? (the cat, play)

   ➡ _____ with a toy?

5. 너는 책을 읽고 있지 않다. (read, a book)

   ➡ You _____.

6. 사람들이 공원에서 걷고 있니? (people, walk)

   ➡ _____ in the park?

📖 **C** draw 그리다 | snow 눈이 오다 | put 놓다, 두다 | basket 바구니

E 다음 밑줄 친 부분을 바르게 고치세요.

1. Jake is <u>runing</u> in the race. ➡
2. <u>Do</u> they watching TV now? ➡
3. We <u>not are</u> eating dinner. ➡
4. Are the students <u>comeing</u>? ➡
5. I am not <u>make</u> a sandwich. ➡
6. Is Jenny <u>teachesing</u> math? ➡
7. You are <u>write</u> a letter to him. ➡

F 다음 문장을 ( ) 안의 지시대로 바꿔 쓰세요.

1. You are using the scissors. (부정문)

   ➡

2. Is John singing in the classroom? (긍정문)

   ➡

3. He is working at the office. (의문문)

   ➡

4. Are his friends dancing to the music? (부정문)

   ➡

5. The plane is flying high. (의문문)

   ➡

6. Is her dad driving a car? (긍정문)

   ➡

📖 **E** race 경주 | sandwich 샌드위치 | letter 편지 **F** scissors 가위 | office 사무실 | high 높이
plane 비행기

Unit 12 과거진행형

Let's Think

우리말	**VS.**	영어

그녀는 집에 가고 있다.
그녀는 집에 가고 있었다.

우리말은 '~하고 있다'가
'~하고 있었다'로 바뀌네.

She **is going** home.
She **was going** home.

영어에서는 is가 was로 바뀌네!

 Find the Rule ▶

A 다음 문장들의 굵은 글씨를 주의 깊게 살펴보세요. ▷

- I **was thinking** about it. `474`
- She **was putting** on her shoes.
- It **was raining** a lot.
- We **were not standing**. ⬅ We were standing.
- He **was not wearing** a hat. ⬅ He was wearing a hat.
- The phone **wasn't ringing**. ⬅ The phone was ringing.
- **Were you calling** your mom?
  ⬅ You were calling your mom.
- **Was she crying** in her room?
  ⬅ She was crying in her room.

B 위 문장들의 굵은 글씨에 대한 설명으로 올바른 것을 <u>모두</u> 찾아 ☐ 안에 ✔ 하세요.

1. 주어에 따라 be동사의 과거형 was나 were가 쓰인다. ☐
2. 모든 문장에 was 또는 were와 「동사원형＋-ing」가 쓰였다. ☐
3. not은 was또는 were 앞에 온다. ☐
4. not은 「동사원형＋-ing」 앞에 온다. ☐
5. was not을 wasn't로 줄여 쓸 수 있다. ☐
6. 물음표가 있는 의문문은 was 또는 were가 주어 앞에 온다. ☐

📖 think 생각하다 | put on ~을 입다[신다] | stand 서다, 서 있다 | ring (전화가) 울리다 | call 전화하다

Apply **the Rule**

A 다음 문장들의 굵은 글씨를 주의 깊게 살펴보고, 앞에서 발견한 규칙이 바르게 적용되었는지 확인해 보세요. ▷

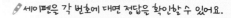
✏세이펜을 각 번호에 대면 정답을 확인할 수 있어요.

01	I **were helping** my mom. 494
02	She **was doing** her homework.
03	The phone **was ringing**.
04	The babies **were sleeping**.
05	We **not were talking** about her.
06	He **were not telling** the truth.
07	Mary **wasn't listening**.
08	**You were reading** a book?
09	**Was she crying** in her room?
10	**Were they jumping** on the bed?

B 굵은 글씨가 문법상 바르지 <u>않은</u> 문장의 번호를 쓰고 틀린 부분을 바르게 고쳐 보세요.

	➡		➡	
	➡		➡	
	➡		➡	
	➡		➡	

Make **Your Own**

⭐ 괄호 안의 단어를 활용하여 문장을 완성하세요.

1. 그녀는 버스를 타고 있었다. (take)

[   ] [   ] [   ] a bus.

2. 너는 우리를 기다리고 있었니? (wait)

[   ] [   ] [   ] for us?

01	I **was helping** my mom. 494	나는 엄마를 도와드리고 있었다.
02	She **was doing** her homework.	그녀는 숙제를 하고 있었다.
03	The phone **was ringing**.	전화기가 울리고 있었다.
04	The babies **were sleeping**.	아기들은 자고 있었다.

Rule 1

- **과거진행형:** 과거의 어느 시점에 하고 있었던 행동이나 진행 중이었던 일을 나타낼 때 사용해요. '~하고 있었다', '~하는 중이었다'라고 해석해요.

주어 **+** was were **+** 동사원형 + -ing

05	We **were not talking** about her.	우리는 그녀에 대해 얘기하고 있지 않았다.
06	He **was not telling** the truth.	그는 사실을 말하고 있지 않았다.
07	Mary **wasn't listening**.	메리는 듣고 있지 않았다.
08	**Were you reading** a book?	너는 책을 읽고 있었니?
09	**Was she crying** in her room?	그녀는 자기 방에서 울고 있었니?
10	**Were they jumping** on the bed?	그들은 침대 위에서 뛰고 있었니?

Rule 2

- **과거진행형의 부정문과 의문문**

| 부정문 | 주어+was/were+**not**+동사원형+-ing ~. |
| 의문문 | **Was/Were**+주어+동사원형+-ing ~? |

- **과거진행형 의문문에 대한 대답:** 긍정이면 「Yes, 주어+was/were.」로, 부정이면 「No, 주어+was/were+not.」으로 대답합니다. was not은 wasn't로, were not은 weren't로 줄여 쓸 수 있어요.

Exercises

A 다음 ( ) 안에서 알맞은 것을 고르세요.

1. She (was writing / were writing) a letter.

2. I (was having / were having) breakfast.

3. She (was sit / was sitting) in the classroom.

4. The cat (was sleeping / is sleeps) on the chair.

5. His friends (was swimming / were swimming) in the pool.

6. You (were playing / was playing) the piano.

7. I (was sing / was singing) a song.

8. Mary and her friend (was walking / were walking) home.

9. We (were wearing / were wear) white T-shirts.

B 다음 문장에서 not이 들어갈 위치를 고르세요.

1. I ① was ② doing ③ my homework.

2. Tom ① was ② playing ③ tennis.

3. My sister ① and I ② were ③ making cookies.

4. Mary ① was ② talking to ③ him.

5. He ① was ② fixing ③ the car.

6. The ① students ② were ③ studying hard.

7. Jack ① was ② running ③ around the house.

8. We ① were ② talking ③ in class.

9. Ben ① and ② Tom were ③ fighting.

📖 **A** breakfast 아침 식사 | pool 수영장 **B** fix 고치다 | hard 열심히 | around 주위에 | in class 수업시간에
fight 싸우다

C 다음 ( ) 안에 주어진 단어를 알맞게 바꿔 과거진행형 문장을 만드세요.

1. You _____ _____ the house. (clean)

2. My dad _____ _____ in his room. (work)

3. I _____ _____ the guitar. (practice)

4. The kids _____ _____ in the garden. (play)

5. We _____ _____ pictures. (take)

6. My brother and I _____ _____ in the room. (dance)

7. Mom _____ _____ the picture on the wall. (put)

8. They _____ _____ for help. (ask)

D 다음 ( ) 안에서 알맞은 것을 고르세요.

1. She (wasn't / not was) reading the newspaper.

2. (Was / Were) your friends shopping at the mall?

3. Was the girl (opening / opened) the bottle?

4. They (were not / not were) riding bicycles.

5. Were you (write / writing) with a pencil?

6. Were they (ate / eating) at the restaurant?

7. (Was she / Were she) drinking coffee?

8. I (was going not / was not going) to the bookstore.

9. (Was / Were) Mary and her brother cooking?

📖 **C** guitar 기타 | practice 연습하다 | garden 정원 | take a picture 사진을 찍다 | wall 벽
ask for help 도움을 청하다 **D** newspaper 신문 | restaurant 레스토랑, 식당 | bookstore 서점

E 다음 밑줄 친 부분을 바르게 고치세요.

1. Ellen <u>were</u> drawing a picture.　➡
2. She was <u>took</u> a shower.　➡
3. My mom was <u>wash</u> her hands.　➡
4. They <u>was</u> wearing blue caps.　➡
5. Was the girl <u>study</u> in her room?　➡
6. Jim and Lisa <u>wasn't</u> playing baseball.　➡
7. <u>Were</u> he waiting for a taxi?　➡
8. I <u>weren't</u> telling a lie.　➡
9. We were <u>sitting not</u> at the table.　➡
10. Were you <u>watch</u> TV?　➡

F 다음 문장을 ( ) 안의 지시대로 바꿔 쓰세요.

1. They were selling fruits. (부정문)

   ➡

2. John was driving a car. (의문문)

   ➡

3. Were you opening the window? (긍정문)

   ➡

4. The dog was barking outside. (의문문)

   ➡

5. Were Anna and Linda going to school? (부정문)

   ➡

📖 **E** draw 그리다 | picture 그림 | take a shower 샤워하다 | cap 모자 | tell a lie 거짓말하다
F sell 팔다 | fruit 과일 | drive 운전하다 | bark (개가) 짖다 | outside 밖에

Unit 13 의문사 + be동사 의문문

Let's Think

우리말	**VS.**	영어
그녀는 누구니?		**Who** is she?
그녀는 어디에 있니?		**Where** is she?
그녀는 어떠니?		**How** is she?

우리말에서는 '누구, 어디에, 어떤'을 사용해서 묻지!

영어에서는 문장 맨 앞에 Who, Where, How가 쓰이네!

Find the Rule

A 다음 문장들의 굵은 글씨를 주의 깊게 살펴보세요.

- **Who is** your best friend? 528
- **Who are** they?
- **What is** your name? 501
- **What was** that sound?
- **When is** your birthday?
- **Where is** Mom? 554
- **Why were** you sad?
- **How are** you today?

B 위 문장들에 대한 설명으로 올바른 것을 <u>모두</u> 찾아 ☐ 안에 ✔ 하세요.

1. 문장 모두 끝에 물음표가 있는 의문문이다. ☐
2. 「Who/What/When/Where/Why/How+주어+be동사 ~?」의 순서이다. ☐
3. 주어의 인칭과 수에 따라 be동사의 형태가 달라진다. ☐
4. Who는 누구인지 물어볼 때, What은 무엇인지 물어볼 때 사용한다. ☐
5. When은 언제인지 물어볼 때, Where은 장소나 위치를 물어볼 때 사용한다. ☐
6. Why는 이유를 물어볼 때, How는 상태에 대해 물어볼 때 사용한다. ☐

📖 best friend 가장 친한 친구 | sound 소리 | birthday 생일

Apply **the Rule**

Ⓐ 다음 문장들의 굵은 글씨를 주의 깊게 살펴보고, 앞에서 발견한 규칙이 바르게 적용되었는지 확인해 보세요.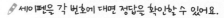

✎ 세이펜을 각 번호에 대면 정답을 확인할 수 있어요.

01 Who **are** he in the picture?

02 **Is who** that girl with long hair? **533**

03 **What** is your name? **501**

04 **What was** that sound?

05 **When** is your birthday?

06 **Where** is the bathroom? **561**

07 **Why are** you in a hurry?

08 **Why you were** angry with him?

09 How **is** you today?

10 **How was** the weather in London?

Mark

Ⓑ 굵은 글씨가 문법상 바르지 <u>않은</u> 문장의 번호를 쓰고 틀린 부분을 바르게 고쳐 보세요.

	➡		➡	
	➡		➡	
	➡		➡	
	➡		➡	

Make **Your Own**

⭐ 괄호 안의 단어를 활용하여 문장을 완성하세요.

1. 그 빵집은 어디에 있니? (the bakery)

?

2. 그는 왜 아팠니? (sick)

?

Check the Rule Again

01	**Who is** he in the picture?	사진 속의 그는 누구니?
02	**Who is** that girl with long hair? `533`	긴 머리를 가진 저 여자아이는 누구니?
03	**What is** your name? `501`	너의 이름은 무엇이니?
04	**What was** that sound?	그 소리는 무엇이었니?
05	**When is** your birthday?	네 생일은 언제니?
06	**Where is** the bathroom? `561`	화장실은 어디에 있니?
07	**Why are** you in a hurry?	너는 왜 서두르니?
08	**Why were** you angry with him?	너는 왜 그에게 화가 났었니?
09	**How are** you today?	너는 오늘 기분이 어떠니?
10	**How was** the weather in London?	런던의 날씨는 어땠니?

Rule

- **의문사 + be동사 의문문:** 의문사는 사람이나 사물의 이름, 시간, 장소, 상태 등 구체적인 정보를 물어볼 때 쓰는 말로, 문장의 맨 앞에 옵니다. be동사는 의문사 바로 뒤에 와요.

who	what	when	where	why	how
누구	무엇	언제	어디에(서)	왜	어떤, 어떻게

의문사 **+** be동사 **+** 주어 **+** ~?

- 의문사를 사용한 의문문은 Yes나 No로 대답하지 않고 구체적으로 대답해요.

질문	대답
Who is he?	He is **my brother**.
What is your name?	My name is **Kate**.
When is your birthday?	It is **July 13th**.
Where is Mom?	She is **in the room**.
Why are you sad?	**Because** my mom is sick.
How is the weather?	It is **sunny**.

Exercises

A 우리말과 같은 뜻이 되도록 〈보기〉의 단어를 이용하여 문장을 완성하세요.

〈보기〉	who	when	where	what	why	how

1. Maria는 왜 배가 고프니?
➡ _____ Maria hungry?

2. 무엇이 정답이니?
➡ _____ the right answer?

3. 내 안경은 어디에 있지?
➡ _____ my glasses?

4. 누가 네 여동생이니?
➡ _____ your sister?

5. 여름 방학은 언제니?
➡ _____ summer vacation?

6. 그곳의 음식은 어땠니?
➡ _____ the food there?

B 다음 ( ) 안에서 알맞은 것을 고르세요.

1. (Where / When) is my umbrella?

2. (What / Why) were you so happy?

3. (Who / When) is your homeroom teacher?

4. (What / Who) is the name of the book?

5. (Why / When) is Children's Day?

📖 **B** umbrella 우산 | homeroom teacher 담임 선생님 | Children's Day 어린이날

C 다음 ( ) 안에서 알맞은 것을 고르세요.

1. Who (are / is) that man over there?

2. What (were / is) your plan?

3. Why (were / was) they excited?

4. Where (are / is) my jeans?

5. How (were / was) your birthday party?

D 다음 우리말과 같은 뜻이 되도록 ( ) 안의 말을 바르게 배열하세요.

1. 다음 수업은 언제니? (the next class / is / when)

➡

2. 새로운 가게는 어디에 있니? (where / the new store / is)

➡

3. 그의 주소는 무엇이니? (is / what / his address)

➡

4. 너는 오늘 아침에 왜 늦었니? (this morning / you / late / why / were)

➡

5. 그 축제는 어땠니? (was / the festival / how)

➡

6. Ken의 전화번호는 무엇이니? (what / Ken's phone number / is)

➡

7. 그 경주에서 우승자는 누구였니? (of the race / was / who / the winner)

➡

📖 **C** over there 저쪽에 | plan 계획 | excited 신이 난 | jeans 청바지

다음 빈칸에 들어갈 말로 알맞은 것은?

1.

A: _____ was the trip?

B: It was great!

① What   ② Where   ③ How

④ When   ⑤ Why

2.

A: _____ is his favorite food?

B: He likes hamburgers.

① Where   ② What   ③ How

④ When   ⑤ Why

3.

A: _____ were you yesterday?

B: I was at the museum.

① What   ② Where   ③ How

④ When   ⑤ Why

F 다음 대답의 밑줄 친 부분을 묻는 의문문을 쓰세요.

1. A: _____

B: The movie was a little sad.

2. A: _____

B: The concert is on May 5th.

3. A: _____

B: Your bag is under the desk.

📖 **E** trip 여행 | favorite 매우 좋아하는 | museum 박물관   **F** a little 조금 | concert 콘서트, 연주회

Unit **14** 의문사 + 일반동사 의문문

Let's Think

우리말	VS.	영어
너는 펜이 필요하니?		Do you need a pen?
너는 언제 펜이 필요하니?		**When** do you need a pen?
너는 왜 펜이 필요하니?		**Why** do you need a pen?

우리말에서는 문장에 '언제', '왜' 같은 말을 넣어 자세히 물어볼 수 있지.

영어에서는 문장 맨 앞에 When과 Why가 생겼네!

Find the Rule

A 다음 문장들의 굵은 글씨를 주의 깊게 살펴보세요.

- **Who do** you like?
- **What do** you need? `510`
- **What did** he say?
- **When does** she go to bed?
- **Where does** he go to school?
- **Why did** they leave so early?
- **How do** you get there? `574`
- **Who lives** in the house?

B 위 문장들에 대한 설명으로 올바른 것을 <u>모두</u> 찾아 ☐ 안에 ✔ 하세요.

1. 모든 문장 끝에 물음표가 있는 의문문이다. ☐
2. 마지막 문장을 제외한 나머지는 「의문사 + do/does/did + 주어 + 동사원형 ~?」의 순서이다. ☐
3. 현재인 경우 주어의 인칭과 수에 따라 do 또는 does가 오고, 과거인 경우 did가 온다. ☐
4. 주어가 3인칭 단수일 때, 주어 뒤에 오는 동사에 -s 또는 -es가 붙는다. ☐
5. 의문사 who 뒤에는 일반동사가 바로 올 수도 있다. ☐

📖 need 필요하다 | say 말하다 | go to bed 자다 | leave 떠나다, 출발하다 | early 일찍 | get 도착하다

Apply **the Rule**

A 다음 문장들의 굵은 글씨를 주의 깊게 살펴보고, 앞에서 발견한 규칙이 바르게 적용되었는지 확인해 보세요. ▷

01   **Who does you like**?

02   **What do you need**? 510

03   **What did he say**?

04   **When the movie does start**?

05   **When did they came** home?

06   **Where does she live**?

07   **Where did you buy** it? 564

08   **Why do you look** so sad? 540

09   **How does Kate goes** to school?

10   **Who sings** very well?

세이펜은 각 번호에 대면 정답을 확인할 수 있어요.

B 굵은 글씨가 문법상 바르지 <u>않은</u> 문장의 번호를 쓰고 틀린 부분을 바르게 고쳐 보세요.

	➡		➡	
	➡		➡	
	➡		➡	
	➡		➡	

Make **Your Own**

⭐ 괄호 안의 단어를 활용하여 문장을 완성하세요.

1. 그들은 점심으로 무엇을 먹었니? (eat)

[　　　] [　　　] [　　　] [　　　] for lunch?

2. 너는 어디에서 태권도를 배우니? (learn)

[　　　] [　　　] [　　　] Taekwondo?

01	**Who do** you like?	너는 누구를 좋아하니?
02	**What do** you need? **510**	너는 무엇이 필요하니?
03	**What did** he say?	그는 뭐라고 말했니?
04	**When does** the movie start?	그 영화는 언제 시작하니?
05	**When did** they come home?	그들은 언제 집에 왔니?
06	**Where does** she live?	그녀는 어디에 사니?
07	**Where did** you buy it? **564**	너는 그것을 어디에서 샀니?
08	**Why do** you look so sad? **540**	너는 왜 그렇게 슬퍼 보이니?
09	**How does** Kate go to school?	케이트는 학교에 어떻게 가니?

Rule 1

· **의문사+일반동사 의문문:** 의문사 + 일반동사 의문문은 주어의 인칭과 수에 따라 do나 does를 사용하고 과거인 경우에는 did를 사용해요. 모든 의문사는 문장의 맨 앞에 오며, 대답은 Yes나 No로 하지 않아요.

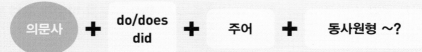

의문사 **+** do/does did **+** 주어 **+** 동사원형 ~?

10	**Who sings** very well?	누가 노래를 아주 잘 부르니?

Rule 2

· **주어로도 쓰이는 의문사 who:** 의문사 who가 주어 역할을 할 때는 '누가'를 의미해요. 이때 who 뒤에 바로 일반동사가 옵니다.

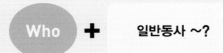

Who **+** 일반동사 ~?

의문사	의미	질문	대답
who	누가	**Who** *sings* very well?	**Mary** *sings* very well.
		Who *closed* the door?	**I** *closed* the door.

Exercises

A 다음 ( ) 안에서 알맞은 것을 고르세요.

1. When (do / does) your dad come home?

2. What do you (play / plays) in the school band?

3. Who (do / did) Jake meet yesterday?

4. Where (do / does) they stay in London?

5. Why (do / did) you lie to me last night?

6. How does the story (end / ends) in the movie?

B 우리말과 같은 뜻이 되도록 〈보기〉의 단어를 이용하여 문장을 완성하세요.

〈보기〉 who   when   where   what   why   how

1. 수업은 언제 시작하니?
   ➡ _____ the class start?

2. 그녀는 그 책을 어디에 두었니?
   ➡ _____ she put the book?

3. 너는 크리스마스에 누구를 방문하니?
   ➡ _____ you visit on Christmas?

4. 너는 가방에 무엇을 가지고 있니?
   ➡ _____ you have in your bag?

5. 그들은 어떻게 방학을 보냈니?
   ➡ _____ they spend the vacation?

6. 그 남자아이는 왜 그 가수를 좋아하니?
   ➡ _____ the boy like the singer?

📖 **A** do the dishes 설거지하다 | band (음악) 밴드 | stay 머무르다 | lie to ~에게 거짓말하다 | end 끝나다

C 다음 ( ) 안에서 알맞은 것을 고르세요.

1. (What / When) does he go to bed?

2. (Where / Who) did they buy those books?

3. (Why / Where) do you like Mina?

4. (Who / How) does Mike study math?

5. (When / Who) cooks dinner?

6. (What / How) did your sister get for her birthday?

D 대답을 참고하여 빈칸에 알맞은 의문사를 쓰세요.

1. A: _____ did you get up this morning?

B: I got up at 7 a.m.

2. A: _____ do they come from?

B: They come from China.

3. A: _____ does she worry about tomorrow?

B: She has a test tomorrow.

4. A: _____ did they go home?

B: They went home by bus.

5. A: _____ did you meet yesterday?

B: I met James.

6. A: _____ does he want?

B: He wants some water.

📖 **C** cook 요리하다 | get 받다 **D** get up 일어나다 | come from ～의 출신이다 | by bus 버스로

E 다음 빈칸에 들어갈 말로 알맞지 <u>않은</u> 것은?

1. _____ need the scissors?

① Why does he   ② Why do they

③ Why did you   ④ Why does you

⑤ Why did he

2. _____ stop?

① Where did the bus   ② Why did he

③ Where does the train   ④ Why did the bus

⑤ Where do the bus

3. _____ come home?

① When did he   ② When do you

③ When do your sister   ④ When does she

⑤ When did they

F 다음 우리말과 같은 뜻이 되도록 빈칸에 알맞은 말을 쓰세요.

1. 너는 왜 만화를 좋아하니? (like)

➡ _____ cartoons?

2. 그들은 어디에서 버스를 타니? (take)

➡ _____ a bus?

3. 그녀는 누구를 집으로 초대했니? (invite)

➡ _____ to her house?

4. Mike는 가게에서 무엇을 샀니? (buy)

➡ _____ at the store?

📖 **E** scissors 가위

Unit 15 whose/which/what + 명사 의문문

Let's Think

우리말	VS.	영어
이것은 누구의 **펜**이니? 너는 어느 **계절**을 좋아하니? 너는 무슨 **색**을 좋아하니?		**Whose pen** is it? **Which season** do you like? **What color** do you like?

우리말에서는 '펜, 계절, 색' 앞에 무언가가 생겼어.

영어에서도 'pen, season, color' 앞에 무언가가 생겼네!

 Find the Rule

A 다음 문장들의 굵은 글씨를 주의 깊게 살펴보세요. ▷

- **Whose pencil** is this?
- **Whose shoes** are they?
- **Which cup** is yours, this one or that one?
- **Which season** do you like, summer or winter?
- **What time** is it now?
- **What color** is her umbrella?
- **What sports** does he play?

B 위 문장들에 대한 설명으로 올바른 것을 <u>모두</u> 찾아 ☐ 안에 ✔ 하세요.

1. 문장 끝에 모두 물음표가 있는 의문문이다. ☐
2. 의문사 Whose, Which, What 바로 뒤에 pencil, cup, color와 같은 명사가 온다. ☐
3. 「Whose/Which/What + 명사」는 문장 맨 앞에 온다. ☐
4. be동사와 do/does 앞에 주어가 온다. ☐
5. 주어의 인칭과 수에 따라 be동사의 형태가 달라지거나 do/does가 온다. ☐

📖 season 계절 | sport 스포츠, 운동

Apply **the Rule**

A 다음 문장들의 굵은 글씨를 주의 깊게 살펴보고, 앞에서 발견한 규칙이 바르게 적용되었는지 확인해 보세요.

01   **Whose pencils is** this?

02   **Whose shoes is** these?

03   **Whose gloves are** they?

04   **Which class is** he in, class 5 or 6?

05   **Which sport are** your favorite, baseball or soccer?

06   **Which season do** you like, summer or winter?

07   **What grade are** you in?

08   **What time is** it now?

09   **What color does** you want?

10   **What kind of music does** she listen to?

✏️ 세이펜을 각 번호에 대면 정답을 확인할 수 있어요.

B 굵은 글씨가 문법상 바르지 <u>않은</u> 문장의 번호를 쓰고 틀린 부분을 바르게 고쳐 보세요.

	➡		➡	
	➡		➡	
	➡		➡	
	➡		➡	

Make **Your Own**

⭐ 괄호 안의 단어를 활용하여 문장을 완성하세요.

1. 그것들은 누구의 양말이니? (whose, socks)

    _____ _____ _____ they?

2. 그녀는 무슨 색을 좋아하니? (what, color)

    _____ _____ _____ she _____ ?

01	**Whose pencil** is this?	이것은 누구의 연필이니?
02	**Whose shoes** are these?	이것들은 누구의 신발이니?
03	**Whose gloves** are they?	그것들은 누구의 장갑이니?
04	**Which class** is he in, class 5 or 6?	5반과 6반 중에서 그는 어느 반에 있니?
05	**Which sport** is your favorite, baseball or soccer?	야구와 축구 중에서 네가 가장 좋아하는 것은 어떤 운동이니?
06	**Which season** do you like, summer or winter?	여름과 겨울 중에서 너는 어떤 계절을 좋아하니?
07	**What grade** are you in?	너는 몇 학년이니?
08	**What time** is it now?	지금 몇 시니?
09	**What color** do you want?	너는 무슨 색을 원하니?
10	**What kind of music** does she listen to?	그녀는 무슨 종류의 음악을 듣니?

Rule

- **whose/which/what + 명사:** 의문사 whose, which, what 뒤에는 명사가 올 수 있어요. 「Whose/Which/What + 명사 + be동사 + 주어 ~?」 또는 「Whose/Which/What + 명사 + do/does + 주어 + 동사원형 ~?」의 형태로 쓰여요.

의문사	의미	질문	대답
Whose + 명사	누구의 ~	**Whose pencil** is this?	It is mine[my pencil].
Which + 명사	어느 ~ 어떤 ~	**Which sport** is your favorite, baseball or soccer?	Soccer is my favorite.
What + 명사	무슨 ~ 몇 ~	**What color** do you want?	I want red.

- **which와 what의 차이점**

which	선택 가능한 것의 수가 정해져 있을 때	**Which season** do you like, summer or winter? 여름과 겨울 중에서 너는 어떤 계절을 좋아하니?
what	선택 가능한 것의 수가 정해져 있지 않을 때	**What color** is your umbrella? 너의 우산은 무슨 색깔이니?

Exercises

A 다음 우리말과 일치하는 문장을 고르세요.

1. 이것은 누구의 차니?

    a. Whose car is this?

    b. Who car is this?

2. 오늘은 무슨 요일이니?

    a. What day is it today?

    b. Whose day is it today?

3. 이것은 누구의 모자이니?

    a. What hat is this?

    b. Whose hat is this?

4. 이것과 저것 중에서 너의 것은 어느 자리니?

    a. Which seat is yours, this one or that one?

    b. What seat is yours, this one or that one?

B 다음 ( ) 안에서 알맞은 것을 고르세요.

1. (Who / Whose) socks are these?

2. (Who / Which) way is the museum, this way or that way?

3. (Which / Where) size do you need, small or large?

4. (What / When) kind of food does he like?

5. (Whose / Where) brother is that boy?

6. (What / Why) subject does she teach?

7. (Which / When) bus do you take, number 10 or 11?

8. (Why / Whose) eraser is it?

📖 **B** way 길 | museum 박물관 | size 치수, 사이즈 | large 큰 | subject 과목

C 다음 질문에 알맞은 대답을 고르세요.

1. Which pencil is yours, the short one or the long one?
a. The short one is mine.
b. This pencil is short.

2. Whose cap is this?
a. It's a cap.
b. It's my sister's.

3. What kind of bag do you want?
a. I'll buy a new bag.
b. I want a backpack.

D 다음 우리말과 같은 뜻이 되도록 ( ) 안의 말을 바르게 배열하세요.

1. A팀과 B팀 중에서 그는 어느 팀에 있니? (is / team / which / he)
➡ _____ on, team A or team B?

2. 이것은 누구의 공책이니? (this / whose / is / notebook)
➡ _____

3. 너의 신발은 치수가 몇이니? (are / your shoes / size / what)
➡ _____

4. 그것은 누구의 우산이니? (whose / it / is / umbrella)
➡ _____

5. 개와 고양이 중에서 너는 어떤 동물을 좋아하니? (animal / do / which / like / you)
➡ _____, dogs or cats?

📖 **C** cap 모자 | backpack 책가방

E 다음 문장 중 바르지 <u>않은</u> 것은?

1. ① What subject does she like?
② Whose color do you like, orange or pink?
③ Which photo do you like best, this one or that one?
④ Whose glasses are they?
⑤ What kind of movie does he enjoy?

2. ① Why did he go there?
② What kind of food do she cook?
③ Which season do you like, spring or summer?
④ Whose ball is that?
⑤ What size do you need?

F 다음 밑줄 친 부분을 바르게 고치세요.

1. Which class <u>you do</u> like, English or math?   ➡

2. What color <u>is</u> your pants?   ➡

3. Which bag <u>yours is</u>, this one or that one?   ➡

4. What kind of dessert does he <u>makes</u>?   ➡

5. What vegetable <u>do</u> she hate?   ➡

6. Which color <u>does</u> you like most, red or blue?   ➡

7. What size <u>are</u> this shirt?   ➡

Unit 16

how + 형용사/부사 의문문

Let's Think

우리말	VS.	영어
그것은 얼마니?		**How much** is it?
그것은 얼마나 **길어?**		**How long** is it?
그곳은 얼마나 **멀어?**		**How far** is it?

우리말에서는 가격, 길이, 거리를 물어볼 때 '얼마' 또는 '얼마나'라는 말을 쓰지.

영어에서는 문장 맨 앞에 How를 쓰네!

 Find the Rule

A 다음 문장들의 굵은 글씨를 주의 깊게 살펴보세요. ▷

- **How tall** are you?
- **How old** is she?
- **How long** is it?
- **How long** does it take?
- **How often** do you watch TV?
- **How much** is it?
- **How much salt** do you need?
- **How many desks** are there?

B 위 문장들에 대한 설명으로 올바른 것을 <u>모두</u> 찾아 ☐ 안에 ✔ 하세요.

1. 모두 How로 시작하는 의문문이다. ☐

2. How 뒤에는 tall, old, long, often과 같은 형용사나 부사가 온다. ☐

3. 주어의 인칭과 수에 따라서 be동사의 모습이 달라진다. ☐

4. 주어 뒤에 일반동사가 오는 경우 do/does를 쓴다. ☐

5. How much 바로 뒤에 be동사가 올 수 있다. ☐

6. How much 뒤에는 셀 수 있는 명사가 온다. ☐

7. How many 뒤에는 복수명사가 온다. ☐

📖 long (길이가) 긴; (시간상으로) 긴, 오래 | take (시간이) 걸리다 | often 자주 | salt 소금 | desk 책상

Apply **the Rule**

Ⓐ 다음 문장들의 굵은 글씨를 주의 깊게 살펴보고, 앞에서 발견한 규칙이 바르게 적용되었는지 확인해 보세요. ▷

🖊 세이펜을 각 번호에 대면 정답을 확인할 수 있어요.

01 **How tall are** you?

02 **How old is** he?

03 **How big does** it?

04 **How far is** your school from here?

05 **How long is** the river?

06 **How long do** it take?

07 **How often do** you go swimming?

08 **How much is** it?

09 **How many time do** you need?

10 **How much books are** there?

Ⓑ 굵은 글씨가 문법상 바르지 <u>않은</u> 문장의 번호를 쓰고 틀린 부분을 바르게 고쳐 보세요.

	➡		➡	
	➡		➡	
	➡		➡	
	➡		➡	

Make **Your Own**

⭐ 괄호 안의 단어를 활용하여 문장을 완성하세요.

1. 그 버스는 얼마나 크니? (big)

　　　　　　　　　　　　　 the bus?

2. 얼마나 많은 학생들이 있니? (student)

　　　　　　　　　　　　　　　 there?

01	**How tall** are you?	너는 키가 몇이니?
02	**How old** is he?	그는 몇 살이니?
03	**How big** is it?	그것은 얼마나 크니?
04	**How far** is your school from here?	너의 학교는 여기서부터 얼마나 멀어?
05	**How long** is the river?	그 강은 얼마나 길어?
06	**How long** does it take?	시간이 얼마나 걸리니?
07	**How often** do you go swimming?	너는 얼마나 자주 수영하러 가니?

Rule 1

• How + 형용사/부사: '얼마나 ～한/～하게'라는 의미로 수나 양, 개수, 키, 나이, 길이 등을 물을 때 사용해요. 「How + 형/부 + be동사 + 주어 ～?」 또는 「How + 형/부 + do/does + 주어 + 동사원형 ～?」의 형태로 쓰여요.

How tall	얼마나 키가 큰 〈키〉	How far	얼마나 먼 〈거리〉
How old	몇 살 〈나이〉	How long	얼마나 긴 〈길이〉 얼마나 오래 〈기간〉
How big	얼마나 큰 〈크기〉	How often	얼마나 자주 〈횟수〉

08	**How much** is it?	그것은 얼마니?
09	**How much time** do you need?	너는 얼마나 시간이 필요하니?
10	**How many books** are there?	얼마나 많은 책이 있니?

Rule 2

• How much/many(+명사): '얼마나 많은 ～'이라는 의미로 명사의 '수'를 물을 때는 many, '양'을 물을 때는 much를 사용해요. 「How much is/are ～?」는 주로 가격을 물을 때 써요.

How much 〈가격〉	**How much** is it? **How much** are they?
How much + 셀 수 없는 명사	**How much water** do you want?
How many + 복수명사	**How many pencils** are there?

Exercises

A 다음 ( ) 안에서 알맞은 것을 고르세요.

1. How (many / much) time do you need? – I need an hour.

2. How (often / long) is its tail? – It is about 50 cm long.

3. How (many / much) is this book? – It is 11,000 won.

4. How (tall / long) are you? – I am 150 cm tall.

5. How (many / much) chairs are there? – There are 7 chairs.

6. How (big / old) is Mike's teacher? – She is 28 years old.

7. How (often / far) do you exercise? – I exercise every day.

B 다음 ( ) 안의 단어를 바르게 배열하여 문장을 완성하세요.

1. (how / is / old)

   ➡ _____ your little brother?

2. (is / deep / how)

   ➡ _____ the river?

3. (heavy / how / is)

   ➡ _____ that table?

4. (do / you / how / often)

   ➡ _____ play soccer?

5. (subjects / how / does / Ben / many)

   ➡ _____ study?

📖 **A** hour 1시간 | tail 꼬리 | exercise 운동하다 **B** deep 깊은 | subject 과목

1. How big <u>are</u> the pond? ➡

2. How many <u>ring</u> does Jane have? ➡

3. How <u>much</u> trees are there in the park? ➡

4. How <u>tall</u> is the bank from here? ➡

5. How often <u>are</u> you listen to music? ➡

D 다음 우리말과 같은 뜻이 되도록 ( ) 안의 단어를 이용하여 문장을 완성하세요.

1. 너의 방은 얼마나 크니? (big)
   ➡ _____ your room?

2. 그 자는 얼마나 길어? (long)
   ➡ _____ the ruler?

3. 그의 여동생은 몇 살이니? (old)
   ➡ _____ his sister?

4. 그들은 얼마나 자주 낚시하러 가니? (often)
   ➡ _____ they go fishing?

5. 너희 가족은 몇 명이니? (many)
   ➡ _____ people _____ there in your family?

6. 너는 얼마나 많은 소금이 필요하니? (much)
   ➡ _____ salt _____ you need?

7. 그녀는 숙제가 얼마나 있니? (much)
   ➡ _____ homework _____ she have?

📖 C pond 연못 | ring 반지 | bank 은행

E 다음 빈칸에 들어갈 말로 알맞은 것은?

1.
A: _____ is this pen?
B: It is 1,500 won.

① How old   ② How tall   ③ How big
④ How many   ⑤ How much

2.
A: _____ is the bus stop from here?
B: It takes only 3 minutes.

① How many   ② How tall   ③ How much
④ How far   ⑤ How big

3.
A: _____ do you clean your room?
B: I clean my room once a week.

① How big   ② How many   ③ How often
④ How old   ⑤ How long

F 다음 빈칸에 many 또는 much를 넣을 때, 들어갈 말이 <u>다른</u> 하나는?

① How _____ brothers do you have?
② How _____ erasers are there in your pencil case?
③ How _____ milk does your sister drink?
④ How _____ apples do you eat?
⑤ How _____ pages did you read?

📖 **E** bus stop 버스 정류장 | only 겨우, 오직 | minute (시간) 분 | clean 청소하다 | once 한 번 | week 일주일
F pencil case 필통 | page 페이지, 쪽

Unit 17 what/how 감탄문

Let's Think

우리말	**VS.**	영어
그는 키가 크다. 그는 정말 키가 큰 학생이구나! 그는 정말 키가 크구나!		He is **tall.** **What a tall student** he is! **How tall** he is!
우리말은 감탄을 나타낼 때 문장의 뒷부분만 바뀌네.		영어에서는 문장 맨 앞에 What이랑 How를 쓰네!

Find the Rule

A 다음 문장들의 굵은 글씨를 주의 깊게 살펴보세요.

- **What a great idea** it is!　590　◀ It is a great idea.
- **What an amazing story** that is!　595　◀ That is an amazing story.
- **What great pictures** they are!　◀ They are great pictures.
- **How smart** you are!　◀ You are smart.
- **How pretty** she is!　◀ She is pretty.
- **How cute** they are!　◀ They are cute.
- **How fast** he runs!　◀ He runs fast.

B 위의 각 첫 번째 문장들에 대한 설명으로 올바른 것을 <u>모두</u> 찾아 ☐ 안에 ✔ 하세요.

1. What이나 How로 시작하며 느낌표로 끝나는 문장이다. ☐
2. What은 '무엇'으로, How는 '어떻게'로 해석하면 자연스럽다. ☐
3. What 뒤에 a/an이 있는 경우 「a/an+형용사+단수명사+주어+동사」의 순서이다. ☐
4. What 뒤에 「형용사+복수명사+주어+동사」가 올 수 있다. ☐
5. How 뒤에는 「형용사/부사+주어+동사」가 온다. ☐

📖 great 훌륭한, 멋진 | idea 생각, 아이디어 | amazing 놀라운 | picture 사진 | smart 똑똑한 | pretty 예쁜
cute 귀여운 | fast 빠르게

Apply **the Rule**

A 다음 문장들의 굵은 글씨를 주의 깊게 살펴보고, 앞에서 발견한 규칙이 바르게 적용되었는지 확인해 보세요. ▷

✏️ 세이펜을 각 번호에 대면 정답을 확인할 수 있어요.

01   **What a sunny day** it is!

02   **What poor a cat** it is! **591**

03   **What amazing** story that is! **595**

04   **What an interesting book** it is!

05   **What cute puppies** they are!

06   **How a pretty** she is!

07   **How clean** your room is!

08   **How big** his feet are!

09   **How cute** the puppies are!

10   How fast **runs the boy**!

B 굵은 글씨가 문법상 바르지 <u>않은</u> 문장의 번호를 쓰고 틀린 부분을 바르게 고쳐 보세요.

	➡		➡	
	➡		➡	
	➡		➡	
	➡		➡	

Make **Your Own**

⭐ 괄호 안의 단어를 활용하여 문장을 완성하세요.

1. 그것은 정말 작은 새구나! (little, bird)

What _____ _____ _____ _____ !

2. 그는 정말 잘생겼구나! (handsome)

How _____ _____ _____ !

01	**What a sunny day** it is!	정말 화창한 날이구나!
02	**What a poor cat** it is! `591`	그것은 정말 불쌍한 고양이구나!
03	**What an amazing story** that is! `595`	그것은 정말 놀라운 이야기구나!
04	**What an interesting book** it is!	그것은 정말 재미있는 책이구나!
05	**What cute puppies** they are!	그것들은 정말 귀여운 강아지구나!

Rule 1

- **감탄문:** 감탄문은 기쁨, 놀라움, 슬픔 등의 감정을 나타낼 때 쓰이고 '정말 ～이구나!', '정말 ～하구나!'로 해석해요. What이나 How로 시작하고 문장의 끝에는 느낌표(!)를 붙여요.

- **What 감탄문:** 명사가 포함된 부분을 강조할 때 사용해요.
  It is **a poor cat.** ➡ **What a poor cat** it is!
  복수명사가 오는 경우에는 a/an을 쓸 수 없어요. 명사 뒤에 오는 주어와 동사는 생략할 수 있어요.

What (+ **a/an**) + **형용사** + **명사** (+ **주어** + **동사**) + **!**

06	**How pretty** she is!	그녀는 정말 예쁘구나!
07	**How clean** your room is!	너의 방은 정말 깨끗하구나!
08	**How big** his feet are!	그의 발은 정말 크구나!
09	**How cute** the puppies are!	강아지들은 정말 귀엽구나!
10	**How fast** the boy runs!	그 남자아이는 정말 빨리 달리는구나!

Rule 2

- **How 감탄문:** 형용사나 부사를 강조할 때 사용해요.
  She is **pretty.** ➡ **How pretty** she is!
  형용사나 부사 뒤에 오는 주어와 동사는 생략할 수 있어요.

How + **형용사 부사** (+ **주어** + **동사**) + **!**

Exercises

A 다음 ( ) 안에서 알맞은 것을 고르세요.

1. (What / How) a cute dog it is!

2. (What / How) salty the soup is!

3. (What / How) a great idea!

4. (What / How) pretty Jane is!

5. (What / How) fun the game is!

6. (What / How) an exciting place this is!

7. (What / How) wonderful the news is!

8. (What / How) a great baseball game it is!

9. (What / How) kind you are!

10. (What / How) heavy the bag is!

11. (What / How) sweet apples they are!

12. (What / How) fast he walks!

B 다음 ( ) 안에서 알맞은 것을 고르세요.

1. What (a long story / surprising stories) it is!

2. How (her clean room / clean her room) is!

3. What (a great swimmer / fast swimmers) he is!

4. How (easy the question / difficult the questions) are!

5. What (great singers / a great singer) she is!

📖 **A** salty 짠 ∣ exciting 신나는 ∣ place 장소 ∣ wonderful 아주 멋진, 훌륭한 ∣ news 소식
baseball game 야구 경기 ∣ kind 친절한　**B** surprising 놀라운 ∣ swimmer 수영하는 사람

C 다음 우리말과 일치하는 문장을 고르세요.

1. 그녀는 정말 귀여운 아기구나!
   a. What cute a baby she is!
   b. What a cute baby she is!

2. 그 여자아이들은 정말 키가 크구나!
   a. How tall the girls are!
   b. What tall the girls are!

3. 그 영화는 정말 재미있구나!
   a. How a fun movie it is!
   b. How fun the movie is!

4. 그것은 정말 아름다운 무지개구나!
   a. What a beautiful rainbow it is!
   b. How a beautiful rainbow it is!

D 다음 문장을 ( ) 안에 주어진 단어를 이용하여 감탄문으로 바꿔 쓰세요.

1. The soup is delicious. (How)
   ➡

2. He is a smart student. (What)
   ➡

3. She is a great cook. (What)
   ➡

4. Her dress is nice. (How)
   ➡

5. He eats slowly. (How)
   ➡

📖 **D** delicious 맛있는 | slowly 천천히

E 다음 밑줄 친 부분을 바르게 고치세요.

1. <u>How</u> a tall building it is!　　➡

2. What a brave girl <u>are you</u>!　　➡

3. <u>What</u> fresh the air is!　　➡

4. <u>How</u> a cold day it is!　　➡

5. What a <u>beautifully</u> flower this is!　　➡

6. <u>What</u> kind you are!　　➡

7. <u>How</u> big eyes you have!　　➡

F 다음 우리말과 같은 뜻이 되도록 ( ) 안의 말을 바르게 배열하세요.

1. 이것은 정말 재미있는 파티구나! (a / is / fun / what / party / this)
➡

2. 너는 정말 게으르구나! (are / lazy / you / how)
➡

3. 그것은 정말 오래된 사진이구나! (what / is / picture / an / it / old)
➡

4. 그 강은 정말 깊구나! (the / deep / how / is / river)
➡

5. 그 공원은 정말 넓구나! (park / large / how / is / the)
➡

📖 **E** building 건물 | brave 용감한 | fresh 신선한 | air 공기

Unit 18 명령문

Let's Think

우리말	VS.	영어

우리말

너는 멈춘다.

멈춰.

멈추지 마.

우리말에서는 주어가 없어지고 문장의 뒷부분도 바뀌네.

영어

You **stop**.

Stop.

Don't stop.

영어에서도 주어가 없어지거나 앞에 Don't가 생겼네!

 Find the Rule

A 다음 문장들의 굵은 글씨를 주의 깊게 살펴보세요.

- **Be** careful! `599`
- **Hurry** up! `598`
- **Open** your book, **please**.
- **Do not enter**.
- **Don't worry**.
- **Please don't be** late.

B 위 문장들에 대한 설명으로 올바른 것을 <u>모두</u> 찾아 ☐ 안에 ✔ 하세요.

1. 문장 맨 앞에 주어가 있다. ☐
2. 동사원형이나 Do not[Don't]로 시작한다. ☐
3. Do not을 줄여 Don't로 사용할 수 있다. ☐
4. 좀 더 공손하게 말할 때는 문장 앞이나 뒤에 단어 please를 붙인다. ☐
5. please가 문장 맨 뒤에 쓰일 때는 please 앞에 쉼표(,)를 쓴다. ☐

📖 careful 조심하는 | hurry 서두르다 | enter 들어가다 | worry 걱정하다 | late 늦은

Apply **the Rule**

A 다음 문장들의 굵은 글씨를 주의 깊게 살펴보고, 앞에서 발견한 규칙이 바르게 적용되었는지 확인해 보세요.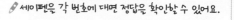

01 **Is** careful! `599`

02 **Hurry** up! `598`

03 **Go** straight.

04 **Did** your homework first.

05 **Stand up**, please.

06 **Does not enter**.

07 **Don't walk** on the grass.

08 **Don't worries**. `607`

09 **Don't be** scared. `611`

10 Please **don't touch** anything.

✎ 세이펜을 각 번호에 대면 정답을 확인할 수 있어요.

B 굵은 글씨가 문법상 바르지 <u>않은</u> 문장의 번호를 쓰고 틀린 부분을 바르게 고쳐 보세요.

	➡		➡	
	➡		➡	
	➡		➡	
	➡		➡	

Make **Your Own**

 다음 문장을 명령문으로 바꿔 쓰세요.

1. You open the window.

➡

2. You are not angry.

➡

01	**Be** careful! **599**	조심해!
02	**Hurry** up! **598**	서둘러!
03	**Go** straight.	똑바로 가.
04	**Do** your homework first.	숙제를 먼저 해라.
05	**Stand up**, please.	일어나 주세요.

Rule 1

- **명령문:** 상대방에게 어떤 행동을 하도록 지시하거나 명령하는 문장. 명령문의 주어는 you이지만 보통 상대방을 직접 보면서 말하기 때문에 생략해요.
- **긍정 명령문:** 동사원형으로 시작하며 '~해라'라고 해석해요. 이때, 문장의 앞이나 뒤에 please를 붙이면 좀 더 공손한 표현이 돼요.

동사원형 ~.	**Be** quiet.	조용히 해라.
	Please be quiet. **Be** quiet, **please**.	조용히 **해주세요.**

*please를 명령문 뒤에 붙일 때는 please 앞에 쉼표(,)를 써요.

06	**Do not enter**.	들어오지 마시오.
07	**Don't walk** on the grass.	잔디 위를 걷지 마시오.
08	**Don't worry**. **607**	걱정하지 마.
09	**Don't be** scared. **611**	무서워하지 마.
10	Please **don't touch** anything.	아무것도 만지지 마세요.

Rule 2

- **부정 명령문:** 「Do not[Don't] + 동사원형 ~.」의 형태로 쓰며, 상대방에게 '~하지 마라'라고 말할 때 사용해요.

Do not[Don't]+동사원형 ~.	**Don't** enter.	들어오지 마.
	Please do not enter. **Do not** enter, **please**	들어오지 **마세요.**

Exercises

A 다음 중 명령문에 ✔ 하세요.

1. You are going home. ☐

2. Help me! ☐

3. Hurry up. ☐

4. We should be quiet. ☐

5. Turn off the computer! ☐

6. Don't play outside today. ☐

7. We take a bus. ☐

B 다음 ( ) 안에서 알맞은 것을 고르세요.

1. (Cleaned / Clean) your room.

2. (Come / Comes) here.

3. (Is / Be) quiet in the library.

4. (Wait / Waits) for me!

5 (Don't used / Don't use) a pen.

6. (Do not run / Do not runs) in the classroom.

7. (Didn't close / Don't close) the door.

8. (Brush / Brushes) your teeth.

9. (Open / Opened) the window, please.

10. (Has / Have) some cake.

📖 **A** turn off (전기·기계 등을) 끄다 ㅣ outside 밖에서 **B** library 도서관 ㅣ brush 닦다, 솔질하다 teeth 이, 치아(tooth의 복수형)

C 다음 밑줄 친 부분을 바르게 고치세요.

1. <u>Is</u> honest. ➡

2. <u>Looking</u> out the window. ➡

3. <u>Comes</u> over here. ➡

4. Don't <u>talking</u> during the class. ➡

5. <u>Does</u> your homework. ➡

6. Don't <u>stops</u> the music. ➡

7. Don't <u>are</u> mad at me. ➡

8. <u>Washes</u> your hands first. ➡

D 다음 우리말과 같은 뜻이 되도록 ( ) 안의 말을 바르게 배열하세요.

1. 식사 후에는 양치질을 해라. (your / teeth / brush)

   ➡ _____ after meals.

2. 커피를 마시지 마. (drink / don't / coffee)

   ➡ _____

3. 지금 당장 네 방으로 가. (your room / to / go)

   ➡ _____ right now.

4. 슬퍼하지 마. (sad / be / don't)

   ➡ _____

5. TV를 너무 많이 보지 마. (not / do / watch TV)

   ➡ _____ too much.

📖 **C** honest 정직한 ｜ over here 이쪽으로 ｜ during ～동안 ｜ mad at ～에게 화난　**D** meal 식사

다음 빈칸에 들어갈 말로 알맞은 것은?

1. _____ too much ice cream.

① Do not eats   ② Eating   ③ Eats

④ Do not eat   ⑤ Doesn't eat

2. _____ hard every day.

① Do not studying   ② Studying   ③ Studies

④ Don't studies   ⑤ Study

3. _____ late for school.

① Are   ② Do not be   ③ Don't are

④ Do be not   ⑤ Be don't

4. _____ that book.

① Read   ② Don't reads   ③ Do not reads

④ Reads   ⑤ Read don't

5. _____ me at night.

① Calls   ② Don't called   ③ Calling

④ Do not calls   ⑤ Don't call

F 다음 문장 중 바른 것은?

① Don't cried, please

② Please be kind to your friends.

③ Takes your umbrella.

④ Do not closes your book yet.

⑤ Puts your shoes here.

📖 **E** hard 열심히   **F** cry 울다 | yet 아직

Unit 19 제안문

Let's Think

우리말	VS.	영어

우리말

우리는 함께 점심을 먹는다.
우리 함께 점심 먹자.

우리말에서는 제안할 때
'우리 ~하자'라고 말하지.

영어

We have lunch together.
Let's have lunch together.

영어에서는 We가 없어지고
Let's가 생겼네!

Find the Rule

Ⓐ 다음 문장들의 굵은 글씨를 주의 깊게 살펴보세요. ▷

- **Let's go** outside. 616
- **Let's meet** at five. 618
- **Let's do** it again.
- **Let's play** soccer after school.
- **Let's not run** fast.
- **Let's not take** a bus.

Ⓑ 위 문장들에 대한 설명으로 올바른 것을 <u>모두</u> 찾아 ☐ 안에 ✔ 하세요.

1. 모두 Let's로 시작하는 문장이다. ☐
2. 동사는 모두 동사원형이 쓰인다. ☐
3. 「Let's + 동사원형」과 「Let's + 동사원형 + not」의 형태가 있다. ☐

📖📖 outside 밖으로 | meet 만나다 | again 다시 | fast 빨리 | take a bus 버스를 타다

Apply **the Rule**

Ⓐ 다음 문장들의 굵은 글씨를 주의 깊게 살펴보고, 앞에서 발견한 규칙이 바르게 적용되었는지 확인해 보세요. ▷

01 **Let's go** outside. 616

02 **Let's meet** at five. 618

03 **Let's sit** in the back.

04 **Let's did** it again.

05 **Let's take** a break. 619

06 **Let's has** lunch together.

07 **Let's try** this game.

08 **Let's not run** in the classroom.

09 **Let's not talks** about it.

10 **Let's don't stay** here too long.

✎ 세이펜을 각 번호에 대면 정답을 확인할 수 있어요.

Ⓑ 굵은 글씨가 문법상 바르지 <u>않은</u> 문장의 번호를 쓰고 틀린 부분을 바르게 고쳐 보세요.

	➡	➡
	➡	➡
	➡	➡
	➡	➡

Make **Your Own**

⭐ 괄호 안의 단어를 활용하여 문장을 완성하세요.

1. 오늘 자전거를 타자. (ride, bikes)

_____ _____ _____ today.

2. 서두르지 말자. (hurry)

_____ _____ _____ .

01	**Let's go** outside. `616`	밖으로 나가자.
02	**Let's meet** at five. `618`	다섯 시에 만나자.
03	**Let's sit** in the back.	뒤쪽에 앉자.
04	**Let's do** it again.	그것을 다시 하자.
05	**Let's take** a break. `619`	잠깐 쉬자.
06	**Let's have** lunch together.	함께 점심을 먹자.
07	**Let's try** this game.	이 게임을 해보자.
08	**Let's not run** in the classroom.	교실에서 뛰지 말자.
09	**Let's not talk** about it.	그것에 관해서 얘기하지 말자.
10	**Let's not stay** here too long.	여기서 너무 오래 머물지 말자.

Rule

· **제안문:** 상대방에게 어떤 행동을 함께하자고 제안할 때 「Let's + 동사원형 ~.」의 형태를 사용해요. Let's는 Let us의 줄임말이며 '(우리) ~하자'라고 해석해요. '(우리) ~하지 말자'라고 제안할 때는 「Let's not + 동사원형 ~.」을 써요.

Let's + 동사원형 ~.	~하자	We go outside. 우리는 밖으로 나간다. → **Let's go** outside. 밖으로 **나가자.**
Let's not + 동사원형 ~.	~하지 말자	We don't run in the classroom. 우리는 교실에서 뛰지 않는다. → **Let's not run** in the classroom. 교실에서 **뛰지 말자.**

Exercises

A 다음 ( ) 안에서 알맞은 것을 고르세요.

1. Let's (take / takes) a look.

2. Let's (do not / not do) that.

3. Let's (listen / listened) one more time.

4. Let's (clean / cleaning) the kitchen.

5. Let's (started / start) the party.

6. Let's (not stop / stop not) here.

7. Let's (meet / meets) at four o'clock tomorrow.

8. Let's (had / have) some ice cream.

B 다음 문장을 제안문으로 바꿔 쓰세요.

1. We go swimming this weekend.

➡

2. We don't talk about that.

➡

3. We sit under the tree.

➡

4. We play soccer this afternoon.

➡

5. We help the teacher.

➡

📖 **A** take a look 살펴보다 ｜ time ~ 번 ｜ have 먹다 **B** weekend 주말 ｜ afternoon 오후

C 다음 밑줄 친 부분을 바르게 고치세요.

1. <u>Not let's</u> do this again. ➡
2. Let's <u>moves</u> the desks. ➡
3. Let's <u>takes</u> a walk. ➡
4. Let's <u>don't</u> tell her. ➡
5. Let's <u>brings</u> some snacks. ➡
6. <u>Let</u> not go too far. ➡
7. Let's <u>stayed</u> at home. ➡
8. Let's <u>don't</u> go out at night. ➡

D 다음 우리말과 같은 뜻이 되도록 ( ) 안의 말을 바르게 배열하세요.

1. 함께 점심을 먹자. (let's / together / lunch / have)

   ➡

2. 이제 집에 가자. (go / home / let's / now)

   ➡

3. 학교까지 걸어가자. (walk / let's / to school)

   ➡

4. 오늘은 나가서 먹지 말자. (eat out / let's / not / today)

   ➡

5. 여기서 Jenny를 기다리자. (Jenny / here / wait for / let's)

   ➡

6. 수업에 늦지 말자. (not / be / late for / class / let's)

   ➡

📖 **C** move 옮기다 | take a walk 산책하다 | bring 가져오다 | snack 간식 | far 멀리 | stay 머무르다

E 다음 빈칸에 들어갈 말로 알맞은 것은?

1. _____ a movie tonight. I have two tickets.

① Let's watches   ② Let's watch   ③ Let's not watches

④ Let's watched   ⑤ Let's watch not

2. _____ her tomorrow. She will be very happy.

① Let visit   ② Let's visits   ③ Let's not visits

④ Let's visit not   ⑤ Let's visit

F 다음 주어진 상황에 알맞은 제안문을 〈보기〉에서 골라 쓰세요.

〈보기〉   a. Let's not watch that movie.
b. Let's drink something cold.
c. Let's eat something.
d. Let's not hurry.
e. Let's have a surprise party for her.
f. Let's go to the library.

1. I'm so hungry. _____

2. _____ That one is boring.

3. We should study for the test. _____

4. We are not late. _____

5. It's Jane's birthday tomorrow. _____

6. I'm really thirsty. _____

📖 **E** ticket 표   **F** something 어떤 것, 무엇 | surprise party 깜짝 파티 | library 도서관
boring 재미없는, 지루한 | thirsty 목이 마른

memo ✍

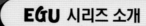

EGU
THE EASIEST GRAMMAR & USAGE

쎄듀

EGU 시리즈 소개

EGU
서술형 기초
세우기

영단어&품사
서술형·문법의 기초가 되는
영단어와 품사 결합 학습

문장 형식
기본 동사 32개를 활용한
문장 형식별 학습

동사 써먹기
기본 동사 24개를 활용한
확장식 문장 쓰기 연습

EGU
서술형·문법
다지기

문법 써먹기
개정 교육 과정
중1 서술형·문법 완성

구문 써먹기
개정 교육 과정
중2, 중3 서술형·문법 완성

쎄듀북닷컴(www.cedubook.com)에서 부가 자료를 무료로 다운로드할 수 있습니다.

쎄듀

1 구문

판매 1위 '천일문' 콘텐츠를 활용하여 정확하고 다양한 구문 학습

(끊어읽기) (해석하기) (문장 구조 분석) (해설·해석 제공) (단어 스크램블링) (영작하기)

2 문법·서술형

쎄듀의 모든 문법 문항을 활용하여 내신까지 해결하는 정교한 문법 유형 제공

(객관식과 주관식의 결합) (문법 포인트별 학습) (보기를 활용한 집합 문항) (내신대비 서술형) (어법+서술형 문제)

3 어휘

초·중·고·공무원까지 방대한 어휘량을 제공하며 오프라인 TEST 인쇄도 가능

(영단어 카드 학습) (단어 ↔ 뜻 유형) (예문 활용 유형) (단어 매칭 게임)

4 선생님 보유 문항 이용

(Online Test) (OMR Test)

cafe.naver.com/cedulearnteacher

쎄듀런 학습 정보가 궁금하다면?

쎄듀런 Cafe

· 쎄듀런 사용법 안내 & 학습법 공유
· 공지 및 문의사항 QA
· 할인 쿠폰 증정 등 이벤트 진행

LISTENING Q

중학영어듣기 **모의고사 시리즈**

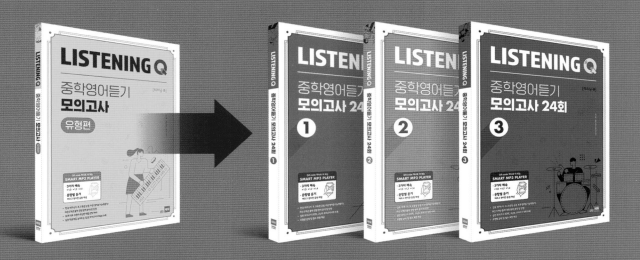

① 최신 기출을 분석한 유형별 공략

· 최근 출제되는 모든 유형별 문제 풀이 방법 제시
· 오답 함정과 정답 근거를 통해 문제 분석
· 꼭 알아두야 할 주요 어휘와 표현 정리

② 실전모의고사로 문제 풀이 감각 익히기

실전 모의고사 20회로 듣기 기본기를 다지고,
고난도 모의고사 4회로 최종 실력 점검까지!

③ 매 회 제공되는 받아쓰기 훈련[딕테이션]

· 문제풀이에 중요한 단서가 되는
  핵심 어휘와 표현을 받아 적으면서 듣기 훈련!
· 듣기 발음 중 헷갈리는 발음에 대한 '리스닝 팁' 제공
· 교육부에서 지정한 '의사소통 기능 표현' 정리

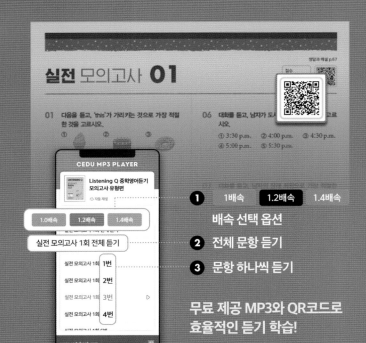

① 　1배속　**1.2배속**　1.4배속

　　배속 선택 옵션

② 　전체 문항 듣기

③ 　문항 하나씩 듣기

**무료 제공 MP3와 QR코드로
효율적인 듣기 학습!**

쎄듀

천일문
grammar
✦ WORKBOOK ✦ with 세이펜

2

초등코치

천일문
grammar

◆ ◆ ◆

WORKBOOK

2

Unit 01 조동사 can/may

A 다음 문장에서 조동사 can이나 may가 들어갈 위치를 고르세요.

1. I ① try ② it ③ again.

2. The girls ① take ② the books ③ .

3. You ① put ② the bag ③ here.

4. You ① and your sister ② order ③ a hamburger.

B 다음 ( ) 안에서 알맞은 것을 고르세요.

1. John may (watch / watches) TV at night.

2. Students can (studies / study) in the library.

3. The bird can (singing / sing).

4. Jane may (leave / leaves) now.

5. They may (go / going) outside.

6. I can (waiting / wait) for you.

7. You may (use / uses) my pencil.

8. Lisa and I can (are / be) there by 6 o'clock.

9. My dad can (fixes / fix) the television.

10. You may (see / seeing) mine.

C 다음 빈칸에 들어갈 말로 알맞은 것은?

1. Ben _____ next to Matt during the class.

① may   ② mays sits   ③ sit

④ mays sit   ⑤ may sit

2. Brad and his brother _____ TV only on weekends.

① can watches   ② cans watch   ③ watches

④ can watch   ⑤ can

D 다음 중 밑줄 친 부분의 쓰임이 <u>다른</u> 것은?

1. ① She <u>can</u> put her bag here.

② I <u>can</u> go home early.

③ Grace <u>can</u> keep those pencils.

④ My grandmother <u>can</u> bake cookies.

⑤ You <u>can</u> have some water.

2. ① My friends <u>can</u> play the game in my room.

② I <u>can</u> show you my new game.

③ You <u>can</u> have a seat there.

④ You <u>can</u> use my pencil.

⑤ You <u>can</u> eat it after class.

E 다음 우리말과 같은 뜻이 되도록 ( ) 안의 말을 바르게 배열하세요.

1. Eric은 높이 점프할 수 있다.

(Eric / jump high / can)

➡ _____

2. 그녀는 앞에 앉아도 된다.

(sit / in the front / she / may)

➡ _____

3. 그들은 나를 교실에서 찾을 수 있다.

(find me / they / can / in the classroom)

➡ _____

4. 내 여동생은 자전거를 탈 수 있다.

(my sister / ride a bike / can)

➡ _____

5. 그 남자들은 역사와 과학을 가르칠 수 있다.

(teach history and science / the men / can)

➡ _____

조동사 must/should

A 다음 우리말과 일치하는 문장을 고르세요.

1. 너는 안전벨트를 매야 한다.

   a. You may wear a seat belt.

   b. You should wear a seat belt.

2. 우리는 초록 불에 길을 건너야 한다.

   a. We must cross the street at the green light.

   b. We cross the street at the green light.

3. 그들은 그 방을 청소해야 한다.

   a. They must clean the room.

   b. They can clean the room.

4. Tina는 그녀의 어머니를 도와드려야 한다.

   a. Tina may help her mother.

   b. Tina should help her mother.

B 다음 ( ) 안에서 알맞은 것을 고르세요.

1. You (must / have) pay 10,000 won for the book.

2. He should (listens / listen) to his parents.

3. I must (am / be) home at 5 o'clock.

4. The woman (must / musts) take the ticket.

5. The girl should (call / calls) her mother now.

6. My father (shoulds / should) see a doctor.

7. Julie and her sister (musts / must) go to bed early.

8. She (musts / should) give it to me.

9. The sisters (must / shoulds) wait for their mother.

C 다음 밑줄 친 부분을 바르게 고치세요.

1. They <u>bring should</u> their own snacks. ➡ _____

2. John should <u>takes</u> some medicine. ➡ _____

3. We should <u>are</u> in the classroom at 9 o'clock. ➡ _____

4. She <u>musts</u> talk to Bob about the homework. ➡ _____

5. Mary <u>shoulds comes</u> with us. ➡ _____

6. The boy <u>shoulds</u> save money for his future. ➡ _____

D 다음 ( ) 안의 단어를 바르게 배열하여 문장을 완성하세요.

1. 그는 이 상자를 조심해야 한다. (should / be / he)

➡ _____ careful with this box.

2. 우리는 이 약을 먹어야 한다. (take / we / must)

➡ _____ this medicine.

3. Jane은 내일 그 영화를 봐야 한다. (Jane / watch / should)

➡ _____ the movie tomorrow.

4. 그들은 그것을 멈춰야 한다. (must / stop / they)

➡ _____ it.

E 다음 빈칸에 들어갈 말로 알맞지 <u>않은</u> 것은?

> She _____ go there now.

① can   ② may   ③ should

④ must   ⑤ have to

F 다음 문장 중 바른 것은?

① I finish must this homework.

② You may watches TV now.

③ My brother have to go to bed now.

④ She cans speak English.

⑤ They should take a bus.

Unit 03 조동사의 부정문

A 다음 문장에서 not이 들어갈 위치를 고르세요.

1. We ① must ② ride a bike ③ without a helmet.

2. Jake may ① join ② the soccer ③ team.

3. The ① students ② may ③ talk in class.

4. I should ① take ② the bus ③ to the store.

B 다음 문장을 부정문으로 바꿔 쓰세요.

1. They may speak loudly here.

➡ _____

2. I should go outside now.

➡ _____

3. I can open the bottle.

➡ _____

4. Students must fight with each other.

➡ _____

C 다음 빈칸에 들어갈 말로 알맞은 것은?

1. Jake _____ on that chair.

① not should sit   ② isn't sit

③ should not sit   ④ should not sits

⑤ should doesn't sit

2. You _____ the books here.

① aren't put   ② shouldn't put

③ don't should put   ④ should don't put

⑤ shoulds not put

D 다음 문장 중 바른 것은?

① You shouldn't laugh out loud in the movie theater.
② Mary and I not may play outside at night.
③ Chris can't travels alone.
④ Jenny must tell not a lie.
⑤ The students don't can solve the problem.

E 다음 문장을 읽고, 해석이 바른 것을 고르세요.

1. You should not bring your dog here.
   a. 너는 여기에 너의 개를 데리고 오지 말아야 한다.
   b. 너는 여기에 너의 개를 데리고 와도 된다.

2. My uncle can't run fast.
   a. 우리 삼촌은 빨리 달리실 수 있다.
   b. 우리 삼촌은 빨리 달리실 수 없다.

3. He may not enter the room.
   a. 그는 그 방에 들어가서는 안 된다.
   b. 그는 그 방에 들어가도 된다.

4. She must not tell the truth.
   a. 그녀는 사실을 말해야 한다.
   b. 그녀는 사실을 말해서는 안 된다.

F 다음 밑줄 친 부분을 바르게 고치세요.

1. We should <u>don't</u> watch TV too much. ➡ _____

2. My mother cannot <u>sees</u> without her glasses. ➡ _____

3. They <u>not must</u> sleep during class. ➡ _____

4. We must not <u>crosses</u> the street here. ➡ _____

5. You <u>don't may</u> sit here. ➡ _____

Unit 04 조동사의 의문문

A 다음 ( ) 안에서 알맞은 것을 고르세요.

1. May I (goes / go) to the bathroom?

2. Should she (help / helps) her brother?

3. Can I (take / takes) the bag with me?

4. Can he (writes / write) a letter in English?

5. Should I (give / gives) it to you now?

B 다음 우리말과 같은 뜻이 되도록 ( ) 안의 말을 바르게 배열하세요.

1. 너는 지금 당장 집에 가야 하니? (go / you / should)

➡ _____ home right now?

2. Jenny는 피아노를 칠 수 있니? (Jenny / play / can)

➡ _____ the piano?

3. 그들은 지금 재킷을 입어야 하니? (put on / should / they)

➡ _____ their jackets now?

4. 저 지금 화장실에 가도 되나요? (I / go / may)

➡ _____ to the bathroom now?

C 다음 문장을 의문문으로 바꿔 쓰세요.

1. I may speak to Gary.

➡ _____

2. I should cut the cake before dinner.

➡ _____

3. Harry and his brother can stay here.

➡ _____

4. His friends can swim well.

➡ _____

D 다음 문장에서 <u>잘못된</u> 부분을 찾아 문장을 바르게 고쳐 쓰세요.

1. Can bake you cookies?

➡ _____

2. Do I may take a picture here?

➡ _____

3. Should he takes the subway?

➡ _____

4. Can she leaves early today?

➡ _____

5. Can play we computer games?

➡ _____

E 다음 빈칸에 들어갈 말로 알맞은 것은?

1. _____ in the library?

① He should study   ② Should he study

③ Study should he   ④ Should studies he

⑤ Study he should

2. _____ this dress?

① May wear I   ② I wear may

③ I may wear   ④ Wear may I

⑤ May I wear

F 다음 문장 중 바르지 <u>않은</u> 것은?

① Can I join your team?

② Should he tell the story again?

③ May I watch TV now?

④ Do we can write our names here?

⑤ Should I sit over there?

be동사의 과거형

A 다음 문장을 과거형으로 바꿔 쓰세요.

1. The story is boring.

➡ _____

2. They are at the zoo.

➡ _____

3. I am in the classroom.

➡ _____

4. Mary and I are very happy.

➡ _____

5. The boy is very smart.

➡ _____

B 다음 ( ) 안에서 알맞은 것을 고르세요.

1. We (was / were) at school last Saturday.

2. I (was / were) early for school.

3. The test (was / were) easy.

4. The students (was / were) in the classroom.

5. She (was / were) a scientist.

6. Two seats (was / were) empty.

7. They (was / were) in front of the supermarket.

8. John and I (was / were) on the same team.

9. The book (was / were) on the table.

10. The children (was / were) in the garden.

11. The boys (was / were) on the street.

12. It (was / were) a beautiful day.

C 다음 빈칸에 들어갈 말이 순서대로 바르게 짝지어진 것은?

> • Mike _____ in the library.
> • His mom _____ in the kitchen.
> • His dogs _____ at the park.

① was – was – was　　　　② was – was – were
③ was – were – were　　　④ were – was – was
⑤ were – was – were

D 다음 문장 중 바르지 <u>않은</u> 것은?

① It was my birthday.
② My teacher was very sad yesterday.
③ My sister and I was at the movie theater.
④ The weather was good last week.
⑤ Rick and Max were nice kids.

E 다음 우리말과 같은 뜻이 되도록 ( ) 안의 말을 바르게 배열하세요. be동사는 알맞은 형태로 바꾸어 쓰세요.

1. 그 고양이는 의자 위에 있었다. (be / the cat / on the chair)

➡ _____

2. 그들은 가수였다. (singers / be / they)

➡ _____

3. 그 가방들은 비쌌다. (be / expensive / the bags)

➡ _____

4. 그 아이는 정원에 있었다. (the child / in the garden / be)

➡ _____

5. 우리는 열한 살이었다. (we / eleven years old / be)

➡ _____

Unit 06 be동사 과거형의 부정문과 의문문

A 다음 우리말과 일치하는 문장을 고르세요.

1. 그는 학교에 늦지 않았다.

　a. He was not late for school.
　b. He not was late for school.

2. 너는 화장실에 있지 않았다.

　a. You are not in the bathroom.
　b. You were not in the bathroom.

3. 그것은 그의 잘못이었니?

　a. Is it his fault?
　b. Was it his fault?

4. 그녀는 조종사였니?

　a. Was she a pilot?
　b. Were she a pilot?

B 다음 우리말과 같은 뜻이 되도록 빈칸에 알맞은 말을 쓰세요.

1. 너는 정직하지 않았다.

　➡ You ＿＿＿＿＿ ＿＿＿＿＿ honest.

2. 그것은 거짓말이 아니었다.

　➡ It ＿＿＿＿＿ ＿＿＿＿＿ a lie.

3. 너는 배고팠니?

　➡ ＿＿＿＿＿ ＿＿＿＿＿ hungry?

4. 그 시험은 어려웠니?

　➡ ＿＿＿＿＿ the test difficult?

5. 그 아이디어는 좋지 않았다.

　➡ The idea ＿＿＿＿＿ ＿＿＿＿＿ good.

C 다음 문장을 ( ) 안의 지시대로 바꿔 쓰세요.

1. The water was cold. (부정문)

➡ _____

2. The room was clean. (의문문)

➡ _____

3. The pen was expensive. (의문문)

➡ _____

4. She was a nurse. (부정문)

➡ _____

5. It was on the desk. (부정문)

➡ _____

6. The baby was her sister. (의문문)

➡ _____

D 다음 빈칸에 들어갈 말로 알맞은 것은?

A: _____
B: No, she wasn't.

① Is she your friend?
② Were she ten years old?
③ Is she kind to everyone?
④ Were she the new teacher?
⑤ Was she late for the movie?

E 다음 문장 중 바른 것은?

① The students was not quiet.
② Mina not was angry.
③ It was not the answer.
④ Were the book yours?
⑤ I not were hungry.

Unit 07 일반동사의 과거형

A 다음 동사의 과거형으로 알맞은 것을 고르세요.

1. begin   a. began   b. begined

2. help   a. helpped   b. helped

3. listen   a. listend   b. listened

4. study   a. studied   b. studyed

5. do   a. did   b. doed

6. read   a. read   b. readed

7. break   a. breaked   b. broke

8. worry   a. worried   b. worryed

9. stop   a. stopped   b. stoped

10. teach   a. teached   b. taught

B 다음 문장의 밑줄 친 동사를 과거형으로 바꿔 쓰세요.

1. We <u>see</u> some beautiful rainbows. ⇒ _____

2. Last year, I <u>visit</u> Japan. ⇒ _____

3. They <u>go</u> to the library. ⇒ _____

4. We <u>open</u> the door. ⇒ _____

5. You <u>walk</u> in the park. ⇒ _____

6. I <u>give</u> it to him. ⇒ _____

7. Her sister <u>sings</u> a song at the party. ⇒ _____

8. I <u>watch</u> TV last night. ⇒ _____

9. My brother <u>stays</u> at home. ⇒ _____

10. I <u>think</u> about my homework. ⇒ _____

C 다음 문장을 과거형으로 바르게 바꾼 것은?

> The baseball player hits the ball.

① The baseball player hits the ball.
② The baseball player was hit the ball.
③ The baseball player hit the ball.
④ The baseball player hited the ball.
⑤ The baseball player hitted the ball.

D 다음 문장 중 바른 것은?

① She haved money in her bag.
② I taked a bus yesterday.
③ They plaied soccer at school.
④ Eric put coins in his pocket.
⑤ They talkked to their teacher.

E 다음 우리말과 같은 뜻이 되도록 ( ) 안의 말을 바르게 배열하세요. 필요한 경우 동사는 알맞은 형태로 바꾸어 쓰세요.

1. 나는 버스를 탔다. (a bus / take / I)

➡ _____

2. 그는 우유를 약간 마셨다. (he / some milk / drink)

➡ _____

3. 고양이가 바닥에 앉았다. (on the floor / the cat / sit)

➡ _____

4. 그녀는 종이를 잘랐다. (the paper / cut / she)

➡ _____

5. 나는 내 휴대폰을 떨어뜨렸다. (I / my cell phone / drop)

➡ _____

일반동사 과거형의 부정문과 의문문

A 다음 ( ) 안에서 알맞은 것을 고르세요.

1. The boy (did / dids) not sing.

2. (Was / Did) Jane draw this?

3. Mr. Sun (not ate / didn't eat) the sandwich.

4. Did the students (like / liked) the movie?

5. The teacher didn't (hear / hears) the news.

6. (Are / Did) you bring my book?

7. (Had we / Did we have) homework yesterday?

B 다음 우리말과 같은 뜻이 되도록 ( ) 안의 말을 바르게 배열하세요.

1. 그들은 열심히 일하지 않았다. (not / did / work / they)

   ➡ _____ hard.

2. Mary는 너에게 전화하지 않았다. (did / Mary / call / not)

   ➡ _____ you.

3. 그녀는 그녀의 여동생과 학교에 걸어갔니? (walk / she / did)

   ➡ _____ to school with her sister?

4. 너는 우산을 가져갔니? (you / take / did)

   ➡ _____ an umbrella with you?

5. Leo는 저녁을 먹지 않았다. (Leo / eat / not / did)

   ➡ _____ dinner.

6. 우리는 그것에 대해 말하지 않았다. (did / we / talk / not)

   ➡ _____ about it.

7. 그는 혼자서 그곳에 갔니? (go / he / did)

   ➡ _____ there alone?

C 다음 우리말과 같은 뜻이 되도록 〈보기〉의 단어를 이용하여 문장을 완성하세요.

〈보기〉	play	drop	move	eat
	finish	arrive	go	ride

1. Linda와 그녀의 언니는 그 사과들을 먹지 않았다.

   ➡ Linda and her sister _____ those apples.

2. 우리는 자전거를 타지 않았다.

   ➡ We _____ bikes.

3. Tom의 남동생이 컵을 떨어뜨렸니?

   ➡ _____ Tom's brother _____ the cup?

4. 그녀는 공항에 도착했니?

   ➡ _____ she _____ at the airport?

5. Mike는 식사를 끝내지 않았다.

   ➡ Mike _____ his meal.

6. Carrie는 도서관에 가지 않았다.

   ➡ Carrie _____ to the library.

7. 우리는 어제 야구를 하지 않았다.

   ➡ We _____ baseball yesterday.

8. 너는 그 상자들을 옮겼니?

   ➡ _____ you _____ the boxes?

D 다음 밑줄 친 부분을 바르게 고치세요.

1. They didn't <u>met</u> at the store.   ➡ _____

2. <u>Was</u> you hear the news?   ➡ _____

3. The boys <u>not did</u> go to the movies.   ➡ _____

4. Did she <u>remembered</u> my birthday?   ➡ _____

5. Ted <u>was not liked</u> my present.   ➡ _____

6. Did you <u>watched</u> the TV show?   ➡ _____

Unit 09 미래표현

A 다음 밑줄 친 부분을 will을 이용하여 미래표현으로 바꿔 쓰세요.

1. They <u>make</u> fried eggs. ⇒ _____

2. She <u>does</u> her homework. ⇒ _____

3. My mom <u>reads</u> a magazine. ⇒ _____

4. Sarah <u>calls</u> you. ⇒ _____

5. It <u>is</u> a rainy day. ⇒ _____

B 다음 밑줄 친 부분을 be going to를 이용하여 미래표현으로 바꿔 쓰세요.

1. They <u>eat</u> a lot. ⇒ _____

2. My brother <u>helps</u> me. ⇒ _____

3. I <u>learn</u> Chinese. ⇒ _____

4. Jane <u>takes</u> a shower. ⇒ _____

5. His parents <u>invite</u> me. ⇒ _____

C 다음 우리말과 같은 뜻이 되도록 빈칸에 알맞은 말을 쓰세요.

1. 나는 책을 빌릴 것이다.

⇒ I _____ _____ _____ borrow books.

2. 그녀는 창문을 열 것이다.

⇒ She _____ open the window.

3. 그는 영어 공부를 할 것이다.

⇒ He _____ _____ _____ study English.

4. Kevin은 이 공간을 사용할 것이다.

⇒ Kevin _____ _____ _____ use this space.

5. 그들은 농구를 할 것이다.

⇒ They _____ play basketball.

D 다음 ( ) 안에서 알맞은 것을 고르세요.

1. You (will / is going to) like this.

2. She will (ate / find) it.

3. They are going to (goes / stay) there.

4. Nancy will (do / finishes) her homework.

5. They will (buys / move) it for you.

E 다음 문장 중 바르지 <u>않은</u> 것은?

① The baby is going to sleep.

② It will takes one hour.

③ He is going to have lunch.

④ We will meet him here.

⑤ Tom and I are going to play tennis.

F 다음 우리말과 같은 뜻이 되도록 ( ) 안의 말을 바르게 배열하세요. 필요한 경우 동사는 알맞은 형태로 바꾸어 쓰세요.

1. Rick은 손을 씻을 것이다. (Rick / be going to / wash his hands)

➡ _____

2. 우리는 영어를 공부할 것이다. (study English / we / be going to)

➡ _____

3. 내 여동생은 화를 낼 것이다. (be angry / my sister / be going to)

➡ _____

4. 우리 부모님은 차를 사실 것이다. (buy a car / will / my parents)

➡ _____

5. 그녀는 간호사가 될 것이다. (she / be a nurse / will)

➡ _____

10 미래표현의 부정문과 의문문

A 다음 문장을 지시대로 바꿔 쓰세요.

1. We will meet her.

부정문 ➡ _____

의문문 ➡ _____

2. You will read this book.

부정문 ➡ _____

의문문 ➡ _____

3. John is going to write a letter.

부정문 ➡ _____

의문문 ➡ _____

4. We are going to climb the mountain.

부정문 ➡ _____

의문문 ➡ _____

B 다음 밑줄 친 부분을 바르게 고치세요.

1. <u>Is</u> you going to visit her? ➡ _____

2. Will you <u>helping</u> me with my homework? ➡ _____

3. Are we <u>will</u> walk to school? ➡ _____

4. John is <u>going not to</u> call his friend. ➡ _____

5. <u>Will</u> your mom going to wash the jeans? ➡ _____

C 다음 문장 중 바른 것은?

① Are you going answer the phone?
② My dad aren't going to fix his bike.
③ They won't going to study in the library.
④ Are we going to go out tonight?
⑤ Will his mother going to buy a new bag?

D 다음 ( ) 안에서 알맞은 것을 고르세요.

1. She (will not / not will) cook dinner.

2. Will Kate (coming / come) with me?

3. Are you (will put / going to put) your coat here?

4. (Will / Is) he going to take off his shoes?

5. John (is not going / is going not) to eat anything.

E 다음 우리말과 같은 뜻이 되도록 ( ) 안의 말을 바르게 배열하세요. 필요한 경우
동사는 알맞은 형태로 바꾸어 쓰세요.

1. 너희들은 농구를 할 거니? (be / going to / play basketball / you)

➡ _____

2. Kevin은 선생님께 말하지 않을 것이다. (tell the teacher / will / Kevin / not)

➡ _____

3. 너는 창문을 열 거니? (you / be / open the window / going to)

➡ _____

4. Ann와 Rick은 스케이트 타러 갈 거니? (Ann and Rick / will / go skating)

➡ _____

5. 그들은 경기에서 지지 않을 것이다.

(they / going to / lose the game / not / be)

➡ _____

A 다음 우리말과 일치하는 문장을 고르세요.

1. 너는 열심히 공부하고 있다.

　　a. You are studying hard.

　　b. You studying hard.

2. 우리는 상자들을 나르고 있다.

　　a. We carry boxes.

　　b. We are carrying boxes.

3. 우리 고모는 커피를 마시고 계신다.

　　a. My aunt is drinking coffee.

　　b. My aunt is drinks coffee.

B 다음 우리말과 같은 뜻이 되도록 〈보기〉의 단어를 이용하여 문장을 완성하세요.

| 〈보기〉 play run fix lie watch come |

1. 우리 언니는 TV를 보고 있다.

　➡ My sister _____ _____ TV.

2. 내 친구들은 경주에서 달리고 있다.

　➡ My friends _____ _____ in the race.

3. 그 개들은 바닥에 누워 있다.

　➡ The dogs _____ _____ on the floor.

4. 버스가 여기로 오고 있다.

　➡ The bus _____ _____ here.

5. 나는 방에서 피아노를 치고 있다.

　➡ I _____ _____ the piano in the room.

6. 우리 아빠는 TV를 고치고 계신다.

　➡ My dad _____ _____ the TV.

C 다음 문장을 ( ) 안의 지시대로 바꿔 쓰세요.

1. I am listening to music. (부정문)

➡ _____

2. Sam is waiting for his friend. (의문문)

➡ _____

3. Lily is reading a book in her room. (의문문)

➡ _____

4. You are washing the dishes. (부정문)

➡ _____

5. The boys are playing soccer. (의문문)

➡ _____

D 다음 빈칸에 들어갈 말로 알맞지 <u>않은</u> 것은?

1. We _____ pictures.

① are drawing   ② draw

③ are not drawing   ④ will draw

⑤ drawing

2. My dad _____ on the phone.

① is not talking   ② talked

③ will talk   ④ is talk

⑤ is talking

E 다음 문장 중 바르지 <u>않은</u> 것은?

① I am taking pictures.

② He is asking a question.

③ Are they cleaning the desks?

④ They are swim in the pool.

⑤ The girl is not sleeping.

Unit **12** **과거진행형**

Ⓐ 주어진 단어를 알맞게 바꿔 과거진행형 문장을 만드세요.

1. I _____ dinner. (eat)

2. He _____ the dishes. (wash)

3. John _____ coffee. (drink)

4. My sister _____ a letter. (write)

5. They _____ tennis at 11 a.m. (play)

Ⓑ 다음 문장을 ( ) 안의 지시대로 바꿔 쓰세요.

1. It was raining. (부정문)

➡ _____

2. Were you brushing your teeth? (부정문)

➡ _____

3. She was talking to her friend. (의문문)

➡ _____

4. We weren't going to the beach. (긍정문)

➡ _____

5. They were sleeping in the living room. (의문문)

➡ _____

Ⓒ 다음 문장 중 바르지 <u>않은</u> 것은?

① He was playing football.
② She was not practicing the piano.
③ Was my teacher drinking tea?
④ We were walking home.
⑤ Dad was watch the news on TV.

D 다음 ( ) 안에서 알맞은 것을 고르세요.

1. I was (walked / walking) to the station.

2. The birds (were / are) singing.

3. People (was / were) laughing.

4. They were (takeing / taking) pictures.

5. She was (eating / eats) cookies.

E 다음 우리말과 일치하는 문장을 고르세요.

1. 우리는 저녁을 먹고 있지 않았다.

   a. We didn't have dinner.

   b. We were not having dinner.

2. 그는 교실 밖으로 나오고 있었다.

   a. He was coming out of the classroom.

   b. He is coming out of the classroom.

F 다음 문장에서 <u>잘못된</u> 부분을 찾아 과거진행형 문장으로 바르게 고쳐 쓰세요.

1. He making dinner.

   ➡ _____

2. I not was sitting behind you.

   ➡ _____

3. My team winning the match.

   ➡ _____

4. Was Peter read a book yesterday?

   ➡ _____

5. I speaking to my mom.

   ➡ _____

Unit 13 의문사 + be동사 의문문

A 다음 우리말과 같은 뜻이 되도록 〈보기〉에서 알맞을 것을 골라 문장을 완성하세요.

〈보기〉 who   when   where   what   why   how

1. 수학시험이 언제니?

➡ _____ is the math test?

2. 그녀는 누구니?

➡ _____ is she?

3. 그 영화는 어땠니?

➡ _____ was the movie?

4. 이 상자들은 무엇이니?

➡ _____ are these boxes?

5. 지우개는 어디 있니?

➡ _____ is the eraser?

6. 너는 왜 화가 났었니?

➡ _____ were you angry?

B 다음 ( ) 안에서 알맞은 것을 고르세요.

1. (Why / Who) is Mike?

2. (Where / When) is lunchtime?

3. (When / How) was the soup?

4. (Where / Why) is my coat?

5. (How / When) is your mother?

6. What (is / are) your dog's name?

7. Where (was / were) your friends?

8. When (is / are) her birthday?

ⓒ 다음 우리말과 같은 뜻이 되도록 ( ) 안의 말을 바르게 배열하세요.

1. 그가 가장 좋아하는 음식은 무엇이니? (his favorite food / is / what)

➡ _____

2. 너는 왜 그렇게 피곤하니? (you / so tired / why / are)

➡ _____

3. 겨울 방학이 언제니? (is / when / the winter vacation)

➡ _____

4. 네 여동생은 누구니? (who / your sister / is)

➡ _____

ⓓ 다음 문장 중 바른 것은?

① Why is the weather today?
② When is his yellow cap?
③ Where are my shoes?
④ Who is those people?
⑤ Where was the color of the car?

ⓔ 다음 대화 중 <u>어색한</u> 것은?

① A: Why is Jane sad?
   B: Because her cat is sick.
② A: When is your birthday?
   B: It's November 18th.
③ A: How is the weather?
   B: It is very sunny.
④ A: What is your mother's favorite food?
   B: It is chicken soup.
⑤ A: Where is the library?
   B: The library is very big.

Unit 14 의문사 + 일반동사 의문문

A 다음 대화의 빈칸에 들어갈 말로 알맞은 것을 〈보기〉에서 골라 쓰세요.

〈보기〉 who   when   where   what   why   how

1. A: _____ do you like?

B: I like Tom.

2. A: _____ do we need now?

B: We need some paper.

3. A: _____ do they play soccer?

B: They play soccer after school.

4. A: _____ does Jenny like him?

B: Because he is very kind.

5. A: _____ does your aunt live?

B: She lives in Seoul.

6. A: _____ do you turn on the light?

B: You can push the button on the switch.

B 다음 ( ) 안에서 알맞은 것을 고르세요.

1. (Who / Where) does Bill exercise?

2. (What / Where) do they want for Christmas?

3. (Who / How) did she make a doll?

4. (Who / Why) do the boys need a new computer?

5. Who (teaches / teach) math?

6. When do (wake you / you wake) up?

7. What does she (do / does) after school?

8. Where (does / did) he go yesterday?

C 다음 우리말과 같은 뜻이 되도록 ( ) 안의 말을 바르게 배열하세요.

1. 그녀는 언제 할머니를 방문하니? (when / visit / she / does)

➡ _____ her grandmother?

2. 그들은 학교에서 무엇이 필요하니? (need / they / do / what)

➡ _____ in school?

3. 그는 어디서 버스를 타니? (he / take / does / where)

➡ _____ the bus?

4. 그들은 누구와 놀았니? (did / who / play / they)

➡ _____ with?

D 주어진 단어를 이용하여 다음 문장을 의문문으로 바꿔 쓰세요.

1. He wants this notebook. (why)

➡ _____

2. They had dinner together. (where)

➡ _____

3. The train leaves. (when)

➡ _____

4. You use this machine. (how)

➡ _____

E 다음 우리말을 영어로 바르게 옮긴 것은?

네 여동생은 왜 당근을 싫어하니?

① Why do your sister hate carrots?
② Why does your sister hate carrots?
③ Why does your sister hates carrots?
④ Why did your sister hates carrots?
⑤ Why hates your sister carrots?

Unit 15 whose/which/what + 명사 의문문

A 다음 우리말과 일치하는 문장을 고르세요.

1. 이것은 누구의 자전거니?

   a. Who bike is this?

   b. Whose bike is this?

2. 그는 어떤 종류의 음식을 좋아하니?

   a. What kind of food does he like?

   b. Why kind of food does he like?

3. 너는 당근과 양파 중에서 어느 채소를 싫어하니?

   a. Where vegetable do you hate, carrots or onions?

   b. Which vegetable do you hate, carrots or onions?

4. 그것은 누구의 편지니?

   a. Which letter is it?

   b. Whose letter is it?

B 다음 ( ) 안에서 알맞은 것을 고르세요.

1. (Who / Whose) toys are these?

2. (Where / Which) cup is yours, this one or that one?

3. (What / Why) problem does she have?

4. (Who / Which) color does he like, green or blue?

5. (Why / Whose) watch is it?

6. (What / Where) subject does your aunt teach?

7. (When / What) time is it?

8. (When / Which) are you in, class 3 or 4?

C 다음 문장 중 바르지 <u>않은</u> 것은?

① Why are you late?

② What kind of book do you read?

③ Who birthday is it?

④ Where does she live?

⑤ Which season do you like, summer or winter?

D 다음 빈칸에 들어갈 말로 알맞은 것은?

1. _____ flower does your mother like?

① What   ② Why   ③ Where

④ Who   ⑤ When

2. _____ computer is that?

① When   ② Who   ③ Whose

④ Why   ⑤ Where

E 다음 우리말과 같은 뜻이 되도록 ( ) 안의 말을 바르게 배열하세요.

1. 너는 어떤 동물들을 좋아하니? (you / animals / what / like / do)

➡ _____

2. 이것은 누구의 휴대폰이니? (this / whose / is / cell phone)

➡ _____

3. 너는 7층과 8층 중에서 어느 층에 사니? (floor / you / do / which / live on)

➡ _____, 7 or 8?

4. 오늘은 며칠이니? (date / it / what / today / is)

➡ _____

5. 이것은 누구의 돈이니? (is / whose / this / money)

➡ _____

Unit 16 how + 형용사/부사 의문문

Ⓐ 다음 우리말과 같은 뜻이 되도록 〈보기〉의 단어를 이용하여 문장을 완성하세요.

〈보기〉 tall   big   far   much   old

1. 그녀의 남동생은 몇 살이니?

➡ _____ _____ is her brother?

2. 그 전학생은 얼마나 키가 크니?

➡ _____ _____ is the new student?

3. 그 새로운 식당은 얼마나 크니?

➡ _____ _____ is the new restaurant?

4. 우리는 지금 얼마나 많은 버터를 가지고 있니?

➡ _____ _____ butter do we have now?

5. 도서관은 얼마나 멀리 있니?

➡ _____ _____ is the library?

Ⓑ 다음 ( ) 안에서 알맞은 것을 고르세요.

1. A: How (many / much) water do you drink in the morning?

B: I drink 3 glasses of water in the morning.

2. A: How (big / long) is the movie?

B: It is about 2 hours long.

3. A: How (old / often) does she wash the dishes?

B: She never washes the dishes.

4. A: How (long / often) does it take?

B: It takes about 30 minutes.

5. A: How (old / far) is your house from here?

B: It takes about 5 minutes by bus.

C 질문과 그에 알맞은 대답을 연결하세요.

1. How many cookies does he want?

2. How tall is that building?

3. How often does Mina read a book?

4. How long is the bridge?

a. It is 20 m tall.

b. She reads a book every day.

c. It is about 2 km long.

d. He wants 4 cookies.

D 다음 빈칸에 들어갈 말로 알맞지 <u>않은</u> 것은?

How many _____ do you need?

① notebooks ② pens ③ water
④ cups ⑤ cookies

E 다음 빈칸에 들어갈 말로 알맞은 것은?

1.
A: _____ is the park from the bakery?
B: It is very close.

① How far ② How big ③ How tall
④ How many ⑤ How long

2.
A: How tall is your brother?
B: _____

① He is my dad. ② Because he is busy.
③ He is kind. ④ He is 13 years old.
⑤ He is 165 cm tall.

Unit 17 what/how 감탄문

A 다음 우리말과 같은 뜻이 되도록 ( ) 안에서 알맞은 단어를 고르세요.

1. 그것은 정말 재미있는 계획이구나!

➡ (Why / What) an interesting plan it is!

2. 그 배우는 정말 인기가 있구나!

➡ (Who / How) popular the actor is!

3. 그것은 정말 완벽한 그림이구나!

➡ (When / What) a perfect drawing it is!

4. 네 방은 정말 더럽구나!

➡ (Where / How) dirty your room is!

B 다음 ( ) 안에서 알맞은 것을 고르세요.

1. (What / How) a big elephant it is!

2. (What / How) hot the weather is!

3. How (beautiful / a beautiful) she is!

4. (What / How) a strong man he is!

5. How (sweet / sweetly) the cake is!

6. (What / How) fast the girl runs!

7. What (nice / nicely) children they are!

C 다음 빈칸에 들어갈 말로 알맞은 것은?

_____ the dress is!

① What nice ② What a nice

③ Nice how ④ How nice

⑤ How a nice

D 다음 우리말과 같은 뜻이 되도록 빈칸에 알맞은 말을 쓰세요.

1. 하늘이 정말 맑구나!

➡ _____ clear the sky is!

2. 그것은 정말 재미있는 이야기이구나!

➡ _____ a funny story it is!

3. 너는 정말 바쁘구나!

➡ _____ _____ you are!

4. 그는 정말 좋은 친구이구나!

➡ _____ _____ _____ friend he is!

5. 그녀는 노래를 정말 잘하는구나!

➡ How well _____ _____!

6. 너는 정말 아름다운 미소를 가지고 있구나!

➡ What a beautiful smile _____ _____!

E 다음 빈칸에 들어갈 말이 순서대로 짝지어진 것은?

- _____ a boring book it is!
- _____ a great pianist she is!
- _____ interesting the story is!

① What - What - What ② What - What - How
③ What - How - How ④ How - What - How
⑤ How - How - What

F 다음 문장 중 바른 것은?

① What difficult a question it is!
② How the large room is!
③ How a wonderful day it is!
④ How a nice hat you wear!
⑤ How tall this tree is!

Unit 18 명령문

A 다음 문장을 읽고, 해석이 바른 것을 고르세요.

1. Wait a minute.

    a. 잠깐 기다려.

    b. 나는 잠깐 기다릴게.

2. Call me after 10 a.m.

    a. 나에게 10시 이후에 전화해.

    b. 내가 10시 이후에 전화할게.

3. Don't close the window.

    a. 창문이 닫혀있어.

    b. 창문을 닫지 마.

B 다음 문장을 부정 명령문으로 바꿔 쓰세요.

1. Look at me.

    ➡ _____

2. Do that now.

    ➡ _____

3. Be afraid.

    ➡ _____

4. Ask your brother.

    ➡ _____

5. Cross the street.

    ➡ _____

6. Stay here.

    ➡ _____

C 다음 ( ) 안에서 알맞은 것을 고르세요.

1. Don't (go / going), please.

2. (Gave / Give) me a glass of water.

3. (Don't / Doesn't) tell her.

4. (Come / Comes) with me.

5. (Returned / Return) the book to the library.

D 다음 문장 중 바르지 <u>않은</u> 것은?

1. ① Run fast.
   ② Is there at 5:00.
   ③ Walk softly, please.
   ④ Make your beds.
   ⑤ Take me to the library.

2. ① Don't touch this.
   ② Don't swim in this lake.
   ③ Don't being shy.
   ④ Don't turn right.
   ⑤ Don't move!

E 다음 우리말과 같은 뜻이 되도록 ( ) 안의 말을 바르게 배열하세요.

1. 책을 펴지 마라. (open / your book / don't)

   ➡ _____

2. 텔레비전을 꺼라. (the television / turn off)

   ➡ _____

3. 상자에 종이를 넣어라. (in the box / put / your paper)

   ➡ _____

4. 여기 앉지 마. (do / sit down here / not)

   ➡ _____

Unit 19 제안문

Ⓐ 다음 우리말과 같은 뜻이 되도록 〈보기〉의 단어를 이용하여 문장을 완성하세요.

〈보기〉	see	do	buy	go

1. 숙제 같이 하자.

➡ _____ _____ homework together.

2. 내일 영화 보자.

➡ _____ _____ a movie tomorrow.

3. 이 식당에 들어가지 말자.

➡ _____ _____ _____ into this restaurant.

4. 이것을 사지 말자.

➡ _____ _____ _____ this.

Ⓑ 다음 ( ) 안에서 알맞은 것을 고르세요.

1. Let's (sit / sitting) down.

2. Let's (not forget / not forgets) that.

3. Let's (go / going) back to the classroom.

4. Let's (don't waste / not waste) time.

5. Let's (not talking / not talk) about that.

Ⓒ 다음 밑줄 친 부분을 바르게 고치세요.

1. Let's <u>don't</u> make a mistake.   ➡ _____

2. Let's <u>walked</u> to school.   ➡ _____

3. Let's <u>takes</u> a photo.   ➡ _____

4. Let's <u>eat not</u> it now.   ➡ _____

5. Let's <u>going</u> shopping.   ➡ _____

D 다음 문장을 제안문으로 바꿔 쓰세요.

1. Try that.

➡ _____

2. Don't worry about that.

➡ _____

3. Don't take a taxi.

➡ _____

4. Clean it together.

➡ _____

E 다음 빈칸에 들어갈 말로 알맞은 것은?

1. _____ after school.

① Be meet   ② Meeting   ③ Met

④ Let's meeting   ⑤ Let's meet

2. _____ to the beach.

① Let go   ② Went   ③ Let's not go

④ Let's going   ⑤ Let's don't

F 다음 빈칸에 들어갈 말로 알맞지 <u>않은</u> 것은?

1. Let's _____.

① see   ② sing   ③ rest

④ go skating   ⑤ swimming

2. Let's not _____.

① think about that   ② opening the box

③ run   ④ stay too long

⑤ play outside

쎄듀 초·중등 커리큘럼

초·중등 커리큘럼 (초등)

	예비초	초1	초2	초3	초4	초5	초6
구문		천일문 365 일력 |초1-3| 교육부 지정 초등 필수 영어 문장		초등코치 천일문 SENTENCE 1001개 통문장 암기로 완성하는 초등 영어의 기초			
문법					초등코치 천일문 GRAMMAR 1001개 예문으로 배우는 초등 영문법		
			왓츠 Grammar		Start (초등 기초 영문법) / Plus (초등 영문법 마무리)		
독해				왓츠 리딩 70 / 80 / 90 / 100 A / B 쉽고 재미있게 완성되는 영어 독해력			
어휘				초등코치 천일문 VOCA&STORY 1001개의 초등 필수 어휘와 짧은 스토리			
		패턴으로 말하는 초등 필수 영단어 1 / 2		문장 패턴으로 완성하는 초등 필수 영단어			
ELT	Oh! My PHONICS 1 / 2 / 3 / 4		유·초등학생을 위한 첫 영어 파닉스				
		Oh! My SPEAKING 1 / 2 / 3 / 4 / 5 / 6		핵심 문장 패턴으로 더욱 쉬운 영어 말하기			
		Oh! My GRAMMAR 1 / 2 / 3		쓰기로 완성하는 첫 초등 영문법			

초·중등 커리큘럼 (중등)

	예비중	중1	중2	중3
구문		천일문 STARTER 1 / 2		중등 필수 구문 & 문법 총정리
문법		천일문 GRAMMAR LEVEL 1 / 2 / 3		예문 중심 문법 기본서
		GRAMMAR Q Starter 1, 2 / Intermediate 1, 2 / Advanced 1, 2		학기별 문법 기본서
		잘 풀리는 영문법 1 / 2 / 3		문제 중심 문법 적용서
		GRAMMAR PIC 1 / 2 / 3 / 4		이해가 쉬운 도식화된 문법서
			1센치 영문법	1권으로 핵심 문법 정리
문법+어법			첫단추 BASIC 문법·어법편 1 / 2	문법·어법의 기초
문법+쓰기		EGU 영단어&품사 / 문장 형식 / 동사 써먹기 / 문법 써먹기 / 구문 써먹기		서술형 기초 세우기와 문법 다지기
				올씀 1 기본 문장 PATTERN 내신 서술형 기본 문장학습
쓰기		거침없이 Writing LEVEL 1 / 2 / 3		중등 교과서 내신 기출 서술형
		중학 영어 쓰작 1 / 2 / 3		중등 교과서 패턴 드릴 서술형
어휘		천일문 VOCA 중등 스타트/필수/마스터		2800개 중등 3개년 필수 어휘
		어휘끝 중학 필수편	중학 필수어휘 1000개	어휘끝 중학 마스터편 고난도 중학어휘 +고등기초 어휘 1000개
독해		ReadingGraphy LEVEL 1 / 2 / 3 / 4		중등 필수 구문까지 잡는 흥미로운 소재 독해
		Reading Relay Starter 1, 2 / Challenger 1, 2 / Master 1, 2		타교과 연계 배경 지식 독해
		READING Q Starter 1, 2 / Intermediate 1, 2 / Advanced 1, 2		예측/추론/요약 사고력 독해
독해전략			리딩 플랫폼 1 / 2 / 3	논픽션 지문 독해
독해유형			Reading 16 LEVEL 1 / 2 / 3	수능 유형 맛보기 + 내신 대비
			첫단추 BASIC 독해편 1 / 2	수능 유형 독해 입문
듣기		Listening Q 유형편 / 1 / 2 / 3		유형별 듣기 전략 및 실전 대비
		쎄듀 빠르게 중학영어듣기 모의고사 1 / 2 / 3		교육청 듣기평가 대비